大家写给大家看的历史

中国皇帝评论

[图文本] 朱 星 著

中华书局

图书在版编目(CIP)数据

中国皇帝评论/朱星著. —北京:中华书局,2005.10
(2013.8 重印)
ISBN 978-7-101-04845-2

Ⅰ.中… Ⅱ.朱… Ⅲ.皇帝–人物评论–中国
Ⅳ.K827=2

中国版本图书馆 CIP 数据核字(2005)第 106241 号

书 名	中国皇帝评论	
著 者	朱 星	
责任编辑	徐卫东	
出版发行	中华书局	
	(北京市丰台区太平桥西里 38 号 100073)	
	http://www.zhbc.com.cn	
	E-mail: zhbc@zhbc.com.cn	
印 刷	北京天来印务有限公司	
版 次	2005 年 10 月北京第 1 版	
	2013 年 8 月北京第 3 次印刷	
规 格	开本/889×1194 毫米 1/32	
	印张 $4\frac{7}{8}$ 字数 79 千字	
印 数	9001-12000 册	
国际书号	ISBN 978-7-101-04845-2	
定 价	14.00 元	

目　录

1

编者的话

　　我国向来有"以史为鉴"的传统。在王权和帝制时代,"以史为鉴"往往是为了维护一家一姓的统治。梁启超先生说得直白,煌煌二十四史,其实就是二十四姓的家谱而已。直到帝制颓毁之后,才有史家明确提出"为大众的历史"。

　　二十世纪前半叶的中国,内忧外患纷至沓来。时代的洪流催逼出史学的勃兴。中国最优秀的文化精英奋然投身于为文化寻根本、为种族谋生存的事业之中。胡绳、范文澜、雷海宗、吴晗等许多史学大家,秉承"为大众的历史"之理念,自觉地为普罗大众、尤其是青年学生写作了一大批历史普及读物。正如一位当代学者说的那样:"中国老辈史学家讲历史,总能把自己对历史的独特认识,用最简单的话说出来,这是真正对历史有了解的人才能做到的。"这是"以史为鉴"传统的现代延续,更寓含着唤醒大众、兴亡继绝的意义。这些厚积薄发之作以其卓越的史识、鲜明的个性、优美的文笔和澎湃的激情,获得了学术界和出版界的盛赞,受到广大读者尤其是青年读者的热烈欢迎。

　　即使在今天看来,这些作品仍不过时,依然令

1

我们深受启发。有鉴于此，我们特别策划"大家说史"系列丛书，精选这些史学大家具有代表性的短小精悍之作，推荐给今天的读者，让这些感动了我们祖辈父辈的文字和智慧，也成为我们今天的精神盛宴。

2005 年 6 月 9 日

导　言

李行健

朱星先生，字星元，江苏宜兴人，1911 年 2 月出生。先生早年丧父，青年时代曾入无锡国学专修学校学习，同周振甫等著名学者先后同学。1933 年至1935 年，先生在上海工作期间曾从马相伯先生学习文法学。后到天津工商学院任教，经马相伯介绍拜辅仁大学陈垣先生为师。此后，先生先后在河北天津师范学院、天津师大等院校教书，曾担任中文系主任、教务长、副院长和院党委常委等行政工作。1979 年经中组部和胡耀邦同志决定，调朱先生到中国大百科全书出版社工作。后因本人愿意从事教学工作，到天津师大中文系任研究生导师，同时担任天津市学术委员会常委、市高校职称评委会语文组组长等职。1982 年 12 月 4 日病逝于天津。

朱星先生是我国著名学者，从普通语言学、语言学史到汉语史、古代汉语、现代汉语、方言、语法、修辞、文字、音韵、训诂等无不涉及，皆有著述。其他方面如注释《周易》、《文心雕龙》，考证《金瓶梅》，介绍新文体学，创作诗歌和戏剧，翻译外国作品等都有不同的成绩，堪称博古通今，贯通文史，融汇中外

1

的学者。其著作丰富,足可等身。

先生一生热爱教育工作,把培养人才作为振兴中华、发展我国科学文化的第一要务。从教数十年,桃李满天下,培养了一批出类拔萃的专家学者(如北大吴小如教授系先生早年学生)。先生诲人不倦、循循善诱的教学精神和风格,在学界有口皆碑。

先生有专著(包括创作)30 余部,翻译作品数部,论文几百篇。其中《中国皇帝评论》一书在 1990年由中国国际广播出版社出版。这本书是作者集数十年观察古代社会"皇帝"这一特殊事物的心得,有自己独特的视角和不同一般的见解。这次中华书局重新出版,确是一件很有意义的事。先生地下有知,一定会高兴的。

星元先生是我的老师。1958 年我北大中文系毕业分配到天津语文研究所工作,先生时任研究所副所长,管语言研究工作。从那时起,到先生逝世,近 30 年师从先生,得以学会做人为学诸多道理。师恩难忘,趁《中国皇帝评论》再版之机,出版社同志嘱我写一个简介,于是说了上面一些话,聊表对朱师缅怀之情。

2005 年 9 月 5 日

帝王释义

帝尧任贤图

　　中国在古代有王、帝、皇帝、天子、君、国君、君人、后、万岁等名称。王，有人说是"一贯三为王"（见许慎《说文解字》）。"三"指天、地、人，能贯通天地人之道者为王。其实最初出于象形字，"王"象火，就是后来的旺字。一说象大斧形，因为在金文上王字下一划有作斧形，如▬—月牙形者。"王"，字音同"钺"，斧钺是古代的重武器，因此"王天下"实是以武力征服天下。王实是拥有斧钺的领袖。"帝",象形字象花蒂,形容其美。"皇"是王字上加自,"自"象鼻形,鼻是鼻祖。又,"皇",大也,皇帝即大帝。皇帝之名是秦始皇开始用的,自称始皇帝,意即最早最大的帝王。以前只分称"帝"或"王",如《史记·五帝本纪》中所记第一名是黄帝轩辕氏,以后他就被认为是中华民族最早的祖宗。到夏、商、周三代就称王,如周文王、周武王。秦始皇以后就称皇帝,如汉高皇帝、汉文帝、汉武帝……天子是对诸侯而说的。君是通称,诸侯国君也称君,周王也称君王。一家之主的父亲也称府君。君字从口、从尹。尹,初作ㅋ,象两手相拱,用口发号施令,故称为君。事实上是先有王,后有帝。汉司马迁写《史记》第一篇《五帝本纪》:黄帝、颛顼(Zhuānxū)、帝喾(Kù)、尧、舜。其实那时还是氏族社会,只有氏族长,根本没有王,更没有帝。帝,初指上帝、天神(见《诗经》)。为了尊崇,所以把封建王朝秦始皇发明的尊号"帝"套在原始氏

黄帝像

2

族社会的氏族长头上。后来历史家又在五帝前造出三皇，叫天皇、地皇、人皇。《通志·三皇纪》也把太昊、炎帝、黄帝这"三皇"置于"五帝"之前。这样就皇比帝大，帝又比王大。这是十分错误的。《左传·僖公二十五年》："周礼未改，今之王，古之帝也。"这也不可信。"后"，原是对国君的

《风俗通义》书影

称呼，《尚书·仲虺之诰》："徯予后，后来其苏。"后来，"后"才专指帝王的妻子或女王。

到汉代，又有一些御用文人强加区别，如《风俗通义》："夫擅国之谓王，能制割之谓王，制杀生之威之谓王。王者，往也，为天下所归往也。"《白虎通义》引《礼记·谥法》："德合天地者称帝，仁义合者称王。"这些说法，都荒诞不足信。汉封同姓为王，异姓封公、侯、伯、子、男。异姓而功特大者也可封王。

在外国，皇帝或王有：emperor 皇帝，imperator

3

皇帝、大将军，seignior，seigneur 皇帝、君主，sover-eign 君主、元首，roi 王，king 王、大王等。当初"皇帝"之名是指军队司令官，在罗马共和时代就成为一个光荣的称号，往往是在战场上战士对胜利的将军欢呼时叫出来的。后来这称号由元老院赠与凯撒和奥古斯都。由于国家元首有军事权力，所以都授予皇帝称号。后来，由于惯例，王国的统治者都称作皇帝。在拉丁古典文学中被译为独裁者。皇帝一词可分三义：一，是统一的罗马帝国或罗马帝国和东罗马帝国的君主。二，是神圣罗马帝国的君主。三，广义的意思，是指王中最高级的君主。可知欧洲古代的皇帝本是指军事首长。中国从奴隶社会一开始，奴隶国的君主就是专制独裁的王，且掌握兵权。商汤伐夏桀，周武王伐商纣（夏启也可能驱逐伯益）而称王。到春秋时代，楚、吴、越三国都是自封为王，既非周天子所封，也非元老院所赠，更非军士所推称。这些大国和小国的王，在奴隶社会互相兼并侵夺，奴隶主都是军事领袖，同时又是政治上的专制独裁者。对奴隶、对臣仆和人民都可

夏启像

4

任意刑杀。因此，中国不管初称王，后发展为帝、皇帝，性质含义并未改变，和欧洲当初的皇帝（奴隶社会）与后来的皇帝（封建社会、资本主义社会），性质都不同。中国皇帝是东方式的，是最典型的个人专制独裁。他既无教皇，也无元老院、议院等限制，更无宪法。从秦始皇开始直到清末，性质未变。朝代可变化数十次，皇帝的姓改了就改

孙中山像

他是中国王朝时代的实际结束者。他最喜欢题写的一句话是"天下为公"。

朝。周姓姬、秦姓嬴、汉姓刘，故称周朝、秦朝、汉朝，这是家天下的体系。代，是同一朝代的子孙，如汉高祖的儿子惠帝是第二代，惠帝后的文帝是第三代，文帝后的景帝是第四代，武帝是第五代，都是同姓，是换代不改朝。文帝、武帝等是谥号，死后按其德行加称。又有庙号，是死了立庙之名，如刘邦是高祖，文帝称太宗，武帝称世宗，这是宗法的分别。到汉武帝又有年号，如建元、元光、元朔、元狩、元鼎、元封、太初、天汉、太始、征和、后元，共改用了十一个

5

年号，是给人民使用纪年并且称呼用的，因皇帝的真姓名是不准别人叫的，必须避讳以示尊重，如刘邦的"邦"字，不准叫，也不准写，要改写成"国"字。另外，为了纪年的方便，也不得不另造年号。可是，皇帝的性质并未变（中国的皇帝、帝王都是封建时代的。奴隶社会只称王），这是东方亚洲式的，准确地说是中国式的。欧洲罗马时代还是奴隶社会，公元前二十七年，屋大维即帝位，那时就有元老院、议院。公元五九〇年开始有教皇。他们的封建时代是从公元四世纪到十五世纪。到十七世纪的一六四九年一月三十日，英王查理一世被人民公开处死，但那时已有议会两院，还有宪法。十七世纪英国已开始资产阶级革命。十八世纪的一七九三年一月二十一日，法王

处死国王路易十六图

6

地主家居图（宋代）

路易十六被人民送上断头台，都是中国所未见。中国皇帝亡国时不是自杀，就是被刺，或被不公开地处死。因为"刑不上大夫"，何况皇帝！所以，像英王查理一世、法王路易十六那样被公开宣布罪状，在广场上群众前被处死的事，在中国决不会有。今天英国还有女皇，日本还有天皇，他们实际的权力很小，性质与中国的封建皇帝全不一样。封建一词，当初出于《周礼》所称的"封邦建国"。周武王灭商纣后，就分封同姓和功臣以大小不等的封地。英文封建叫"feud"，意思是封地、采邑、食邑、领地，分给农奴耕种，把生产的粮食用租税的名义交给领主，起初是要交全部收获，不用租税名，还要服一定日子的劳役。除粮食外，还要交一定数量的布、帛。这三

中国皇帝评论

者在中国叫租、庸、调。而且农奴终身依附于土地，不许离开土地逃亡。这种制度叫封建制（feudal system）。这与中国相同。不过中国从秦商鞅破坏井田（开阡陌），放任人民占地开垦，到时丈地纳租，就兴起了大批地主，这就不是领主与农奴的关系，而是地主与农民的关系了。虽仍说封建制，但与当初周朝的"封邦建国"的意义不同了。柳子厚的《封建论》所述乃是周朝封诸侯王国的意思。到秦改为郡县制就不算封建，但汉朝又恢复侯国制，清朝全面郡县制（还有少数官庄、官田），仍称封建制，这是从帝王统治下地主以地租形式剥削农民的关系而言的。

皇帝是怎样产生的？

皇帝是人不是神，不是天子（天的儿子），而是父母所生；不是紫微星下凡，也不是龙种化身，而是平常的人。

皇帝是社会历史的产物，它是到了奴隶社会后才产生的，封建社会最流行，到资本主义社会就基本上没有了。原始氏族社会，只有氏族长，根本没有王、皇帝。

"皇帝信玺"封泥（汉代）

皇帝是古代压迫阶级的总代表。到资本主义社会还可能有变相的或者是变种的皇帝。到社会主义社会，无产阶级掌握了政权，就根本也不可能再有皇帝了。

皇帝是野蛮战争的产物。在原始公社（氏族制社会），人民分散聚居，形成家族部落，互不来往。正如老子所描写"鸡犬之声相闻，民至老死不相往来"。到了私有制产生，就进入了奴隶制社会，分为两个

9

对立阶级：奴隶主与奴隶。前者是压迫阶级，后者是被压迫阶级。奴隶主除压迫本国的奴隶们外，还要强迫奴隶去侵掠兼并别的奴隶主国（为了攻防需要，就建立了城、邑、国）。据传说，商代本有万国。由于兼并斯杀的结果，到周初就只剩一千八百国，到春秋时只剩一百四十多，春秋末只剩十二国，战国时只七国，都称王。秦统一为一大国，自称皇帝。在周春秋时只有周王称王；春秋末，楚、吴、越三国僭称王，其他分公、侯、伯、子、男，封地百里、七十里、五十里。这正是当初各奴隶国兼并的痕迹。

但偏偏有些宫廷的奴才文人为帝王粉饰，说他们当初都是圣人，德、才、智都是出众超凡的。如《易·乾文言》说："云从龙，风从虎，圣人作而万物睹。"《商君书》说："古者未有君臣上下之时，民乱而不治，是以圣人列贵贱，制爵位，立名号，以别君臣上下之义。"《韩非子·五蠹》说："上古之世……有圣人作，……而民悦之，使王天下。"到唐柳宗元《贞符篇》，在说道德功能外，也提圣人，但也说到最初是靠力，他说："惟人之初，总总而生，林林而群……合偶而居，交焉而争，睽焉而斗，力大者搏，齿利者啮，爪刚者决，群众者轧，兵良者杀，披披藉藉，草野涂血，然后强有力者出而治之，往往为曹于险阻，用号令起，而君臣什伍之法立。"这是对的，可惜他没有读过社会发展史，他不知道这种强力（暴力）政治是在阶级社会开始后才产生的。孟子说："不嗜杀人者

10

能一之。"这是空话。他看到战国时"杀人盈野，杀人盈城"，所以大发慈悲，提倡仁政、王道。但事实上，恰恰是杀人最多的秦始皇统一了天下。春秋、战国以来的许多大小奴隶主互相厮杀，目的都在扩张，变小国为大国。但到秦始皇统一了天下，满足

战国铜戈

了个人的大欲后，却也得到了自己所从未想到的效果，使分裂割据为统一，使战乱为安定，使人民生活安全，生产提高，文化提高，经济发达，大大推动了历史的发展；功劳很大，应当歌颂。但历史上都称他为暴君，因为他把其他六国的暴君消灭了，而自己还是暴君，比原来的国君还暴，正是"以暴易暴"。所以始皇死了不到一年就引起全国人民造反，亡了国。陈胜、吴广领着五百戍卒，一声呼喊，好象点着了火药库，一下子爆炸了。秦始皇之后，还有一些统一皇帝，如汉高祖刘邦、汉光武帝刘秀、唐太宗李

11

世民、明太祖朱元璋，都是较成功的。秦始皇前如商汤、周武王等，史称"吊民伐罪"的王，也都是用武力征服。一旦胜利了，仍然是压迫人民的暴君，并非基督降生的救世主。可知"吊民伐罪"只是骗人的幌子。所谓有德有道，正是在武力外再加上了斗智的诈术。当然也曾革了一些弊政，如朱元璋曾是和尚出身，他就借不杀生的慈悲，告诫士兵，每攻下一城，不准杀人。说杀一男如杀我父；杀一女如杀我母。多么好听！也确实骗取人民的欢心，真是"箪食（dān sì）壶浆，以迎王师"。但得了天下，又因太子死了，皇孙太幼，怕大将将来篡位，于是大开杀戒，大杀功臣，不论男女老少满门抄斩。可见他当初的慈悲全是假的。其余多数都是傀儡皇帝、象征性皇帝。有的老皇帝怕自己死了引起争夺，于是就

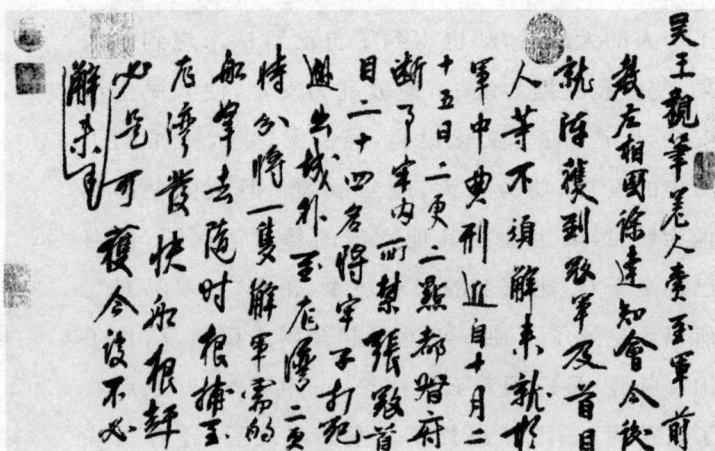

朱元璋称帝前的一道军令

12

让太子继承，使大臣、大将不起邪心。这本是老皇帝的私心，但后来还是被篡夺了，这又产生了篡位皇帝。可见，后来的皇帝产生，有各种原因。但最初的王只是从奴隶社会后的野蛮厮杀中产生的，决不是奴隶们推选的，更不是奴隶中出的圣人。因此，他必然是压迫、剥削阶级的总代表。在神权、君权时代，奴隶们、农奴们以及老百姓们知识、意识也被统治着，只信符箓、圣经、诏令等，到民权时代，民智渐开，在资本主义时代，可能还有变相的或变种的皇帝，但特权大大减少。到社会主义社会，无产阶级劳动人民当权，国家的领导，功劳多大，能力多强，知识多多，地位多高，都是普通的劳动者。这都是历史发展必然的结果。

皇帝拥有最大的四种特权

中国从奴隶社会后三千多年来，做王做皇帝，是许多人梦寐以求的。历史上第一次农民大暴动的领袖陈涉，本是农村的佣工，一旦造反做了陈王，他最亲密的阶级弟兄来找他，见他宫室、服饰、车马以及饮食等方面阔气得很，不禁大为赞赏，失声惊叹，说："夥颐（啊哟）！涉之为王沈沈者！"可见他也想做王。陈王仅仅当了几天王，阶级立场、阶级感情立刻变了，恨这个乡下佬丢了自己的面子，就把他杀了。可能他捏造了一个罪名，说他是奸细或敌人。刘邦、项羽这两个造反者，见到秦始皇出巡的气派、盛况，也垂涎三尺，想当皇帝。这

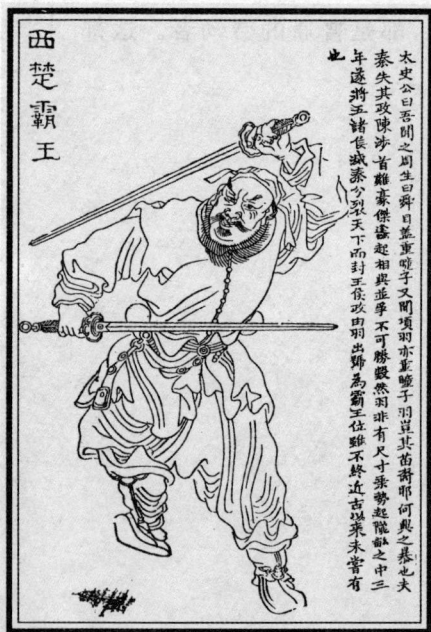

项羽像

为什么？不为别的，只因皇帝享有最大的特权。皇帝享有的特权在封建社会，不断得到强化，甚至达到登峰造极的程度。在封建社会解体以后，某些特权，还会以各种形式延续下来。

特权，就是特别的权利。今天说，一个普通公民有他应有的权利，这在宪法上有明文规定。凡在宪法上无明文规定的都算特权。但在资本主义的国家仍保留一些资产阶级的特权。有些是在政府条例上规定的，如人民选出的总统、省长、县长、国务卿，各部部长，还有国会议员、参议员等，在领得较高工资外，还有住宅、车马、膳食等方面的津贴。但他们的职权都有规定，有的须议会讨论批准，不许独裁专断、营私弄权，更不许借权贪污，也没有终身制，一到任满，就须下台。如果犯法或经弹劾检举，就和公民一样对质公庭，身入囹圄。但当他被选任职时，允许他有一些特权。但绝不许自我扩大这些特权。据说目前有些资本主义国家已注意缩小特权，如总理不住公家官邸，参加宴会照样付钱，不用公家汽车办私事，办私事用自己的汽车……。民国初年，袁世凯当了大总统，野心很大，想做皇帝，无限扩大特权。先是延长总统任期，后改为终身制；最后改大总统为皇帝，名义上君主立宪，称洪宪。他的最后目的还是想改为君主专制。结果当了八十三天皇帝就垮台了。那时满清封建政权刚推翻，遗老遗少很多，各省督军又都是他小站练兵

的死党，所以他满以为有把握。想不到云南蔡松坡、唐继尧义旗一举，各省纷纷独立，袁世凯这个窃国大盗，从皇帝宝座上滚了下来，呕血而死。又据报载，一九七九年四月中非共和国总统博卡萨表演的做皇帝丑剧，比袁世凯还可笑。此人本是法国军队中一个士兵，后夤（yín）缘升为总统，继而终身总统，最后成为赤道非洲贫穷落后的内陆国家皇帝。他登极时定购了一个价值七百万美元的镶宝石金皇冠和一个重两吨、像只展翅欲飞雄鹰的金宝座，这比法国拿破仑登极时还阔气。这个帝国是世界上二十五个最穷的国家之一。但一次加冕典礼就浪费了两千六百万美元，约占这个国家国民收入的四分之一。人民都骂他是灾星、瘟神。他也知道长不了，所以在他皇宫大院中修建了一条飞机跑道，把抢来的金银宝货都装箱打包，以便垮台那一天，带上全家妻妾仆婢坐飞机逃之夭夭。果然，不到半年，他就垮台逃走了。

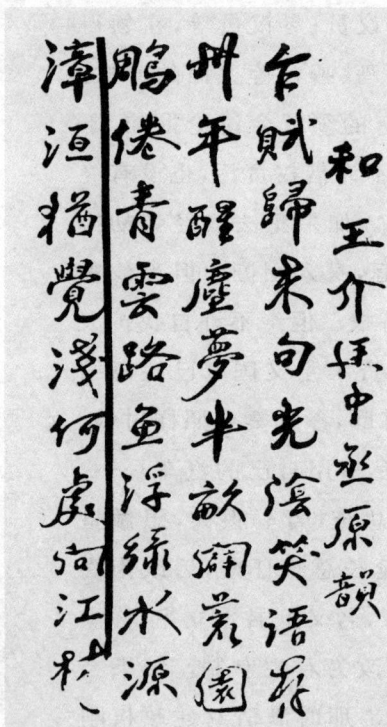

袁世凯手书诗句

16

可见,帝王梦在外国还有。要使全世界的皇帝绝迹,或官僚绝迹,特权绝迹,还要经过一个长时间,逐步减少,直到消灭,不可能要求在某天晚上一下子都绝迹了。

皇帝的特权可分四大方面:

(一)最大占有。凡在其武力统治区内的一切都属于他。《诗经》上说:"普天之下,莫非王土。率土之滨,莫非王臣。"这两句很概括。一句话,就是"家天下"。

(二)最大权力。他有对全国一切的支配权,有生杀权,可以随意杀人,连他的妻子父母都可以杀,只要他认为需要,不需有理由和法律根据。因为"朕即法律","朕即国家","朕即真理"。虽然也有些法律条文,但只是为统治人民和驾驭臣下制定的,自己是绝不能受它约束的。国家立了什么大法,他都可以不管,或者撕毁了再写。据地下发掘的文物,商代奴隶主死了,用奴婢殉葬,多者至数百人。秦始皇死后,后宫无子女者都从死殉葬,不下数千人。其中很多女人根本没有见过秦始皇。尤其是开国皇帝,好杀成性,把敌人杀光了,就杀自己人,首先杀功臣。据说杀功臣是从汉高祖刘邦开始的(其实,应当追溯到吴王夫差、越王勾践。前者杀伍子胥,后者杀文种,范蠡总算逃走了)。明太祖朱元璋杀得更欢。洪秀全也杀起义兄弟杨秀清,李自成

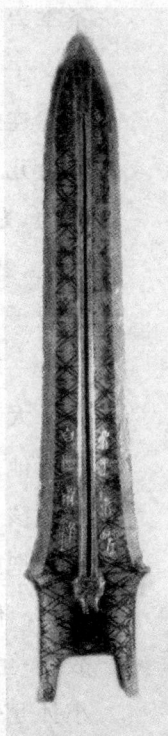

"吴王夫差"铜矛

17

杀李岩。杀外人不过瘾，就杀本家人。后赵主石勒的义子石虎为了篡位，把做皇帝的哥哥石弘杀了，当然连嫂嫂侄儿全杀光；还不过瘾，索性把自己的亲生儿、太子石宣也杀了。杀石宣的方法是极为残酷的，先把石宣用铁链从口鼻中穿过，悬空吊在木桩上，然后凌迟处死。并下令叫妻妾、子女、奴仆、卫士数千人围观，石虎自己在高台上监督，好似看戏。这是一种最重的刑罚处分。当然也把太子全家杀光。太子的儿子还只九岁，一直养在石虎身旁，每天叫他爷爷。石虎也没放过他，叫卫士把这孩子拉走。孩子死命拉住石虎的腰带，哭叫爷爷救命，一直到把腰带拽断了，才拉出去杀了（事见《资治通鉴》九十八卷）。他为什么要这样干？只是为他家庭一点小故，一生气就翻脸不认人，把儿子当仇敌，连无辜的小孙儿也牵连进去，非要斩草除根不可。其实罪魁祸首正是他自己。但他总有理，总没有错，有错都推给别人。石勒收了石虎为义子，结果害得自己一家子都给他杀光了。石虎又收冉闵（本是汉族）为义子，结果，自己种族羯族人全被冉闵杀光了，杀了数十万，岂非报应？真是"善有善报，恶有恶报。善恶不报，时候不到；时候一到，一切都销"。到了唐代，世称英主的唐太宗李世民，宫廷史官也竭力宣扬他是多么英明勇敢，虚心纳谏。但他为了争太子位，不惜亲手杀了他的大哥建成太子和弟弟元吉，史称"玄武门之变"。这已经是很狠心了，但他还不放心，

唐太宗纳谏图

又把十个封王的侄子也都杀了。他父亲高祖李渊皇帝，史书上讥笑他糊涂，没有及早解决他们兄弟间的矛盾。既不幸而酿成此变，他不学石虎处死李世民，却允许他当太子。不几天，他就宣布让位，自己退为太上皇，因为他得到消息，儿子李世民也要动手杀父篡位。可见一个人做了皇帝，由于权大，就无所顾忌，为所欲为，兽性就容易发作。皇帝的兽性特别厉害，因为他权力最大。

（三）最高荣誉。皇帝还占有最高荣誉。古史上载黄帝造衣服、车马、弓矢、宫室、乐律……其实这些都是劳动人民创造的。但到后世无所稽考，就都挂在黄帝身上。黄帝本是一个史前期的传说人物，

19

可能是一个氏族长，部族首领。所说姓轩辕氏，也是后人所称，因为他最初造车、用车。又说姓有熊氏，可能是以熊为图腾。他也不姓黄，黄是北方的黄土、黄沙。黄帝领导北方各部族跟南方族蚩尤打一仗，把他们打败赶回南方。这个大战役的传说是可信的。把历史上劳动人民的创造权都归于他，这是可以同意的。秦始皇是中国建立封建专制大帝国的第一代皇帝，所以叫"始皇"。当然，一切荣誉都当归于他，全国统一的大功当归于他，书同文、车同轨、统一度量衡，还有建立郡县制等等都归于他。其实，这一切都是他手下的蒙恬、蒙毅、吕不韦、李斯、冯去疾等人搞的，他本人并不高明。《史记·秦始皇本纪》记了他的事。他是太子出身，名政，靠祖上六代的基业，和蒙恬、白起、吕不韦、李斯等武将文臣的忠诚帮助，才统一了天下。他本是私生子出身，父是吕不韦。吕不韦是河南人，阳翟县的大地主兼大商贾，到赵国都邯郸来开分号，买到一个歌女作小妾，有了孕，就送给秦公子子楚，生了秦始皇。小时每日在市上与街坊儿童嬉戏，受人欺侮。统一天下后，他就大报私仇，把结怨的人都杀了。他也不喜欢读书，所以没有留下一首诗一篇文，不比后来的刘邦还有《大风歌》，项羽有《虞兮》歌。他五次出游，只是游山玩水，后来的隋炀帝游江南，清乾隆下江南，都是学他的。他并非为了访问民间疾苦，观察地势，所以也没留下这方面的记载。随从的文学士也未写出像《山海经》、《水经注》、《天下郡国利病书》、《徐霞客游记》一类的书。所以，凭空粉饰他是徒劳的。他还到处勒石颂功，吹捧自己，其实，都是李斯、冯去疾等人拍的马屁。他的亚父吕不韦有一部《吕氏春秋》，是吕不韦的门下客集体写的挂上吕不韦的名字。秦始皇并未参预此事，因为他并无文才，但却有杀人本

歌风台图

领。他好杀成性，儒生怨讽，本是好事，应当虚心纳谏，他却坑杀了四百六十多名。陨石落地，有人在石上刻字，骂他，他就把石旁居民都杀光了，至少有数百上千人。有一次登台观赏，遥见李斯丞相出猎，随从车骑很多，心中不满，不知谁泄漏了，他就把那天在台上侍从的人都杀光。他的丑史是很多的。他做了皇帝，亚父吕不韦还常偷偷进宫陪他母亲睡觉。后来吕不韦害怕了，就物色一个性欲特强叫嫪毐（Lào ǎi）的人献给太后。太后居然给生了两

个儿子，与吕政这个后来的皇帝大哥在宫中一起玩耍。太后还命令吕政叫假父嫪毐为亚父。后来丑名远扬，太不象话了，才把嫪毐杀了，把弟弟装在麻袋中摔死，并把生身父吕不韦逼死了。吕政恨他母亲太不给自己留面子，把她赶出宫，但不久又把她迎回来，买个孝子美名。关于秦始皇的故事，郭沫若在《十批判书》中有专题记述，他全是根据《史记》这部正史，真实可信。司马迁在一切遵秦制的汉初，独敢忠于史实，秉笔直书，是可贵的。郭沫若的《十批判书》，于一九四五年在重庆出版，正是日本投降之际。他是借此托古讽今。全国解放后，毛主席作《沁园春·雪》词，就正式加以批判了："惜秦皇汉武，略输文采；唐宗宋祖，稍逊风骚；一代天骄，成

秦始皇坑儒焚书图

22

吉思汗，只识弯弓射大雕。俱往矣，数风流人物，还看今朝。"以为这许多封建帝王都有缺点，已成历史陈迹，再不值得提了。就是演戏，也不应对历史上的帝王将相加以粉饰、歌颂，而应多演些历史家、文学家、科学家，如司马迁、司马相如、张衡、华佗，以及农

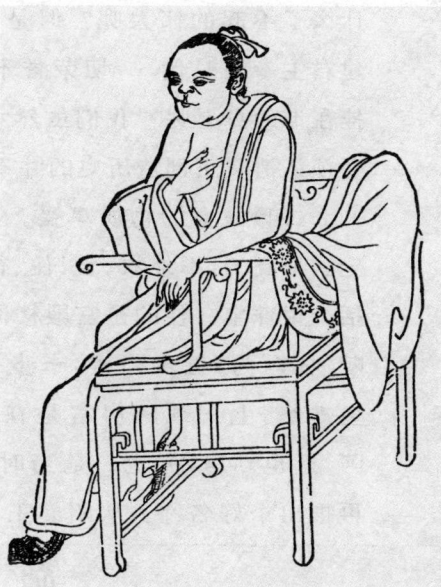

司马迁像

民起义英雄。而今天的真正的英雄风流人物为全国人民公认的，则要多多宣扬歌颂。总之，象秦始皇这样的帝王，至多正如马克思所说的："我则是说明法国阶级斗争怎样造成了一种条件和局势，使得一个平凡而可笑的人物有能扮演了英雄的角色。"

《路易·波拿巴的雾月十八日》第二版序言）秦始皇正是一个平凡的人物，而扮演了一个英雄角色。有人说他也有长处，如他信任蒙氏兄弟和吕不韦、李斯等，又在讨论国家制度时，能决定采用郡县制。但这两点都是在秦国传统的影响下（秦历代信任客卿和老臣）和李斯的耐心教育下，一个中主（平常皇帝）就能做到的，这又有

23

什么了不起的伟大呢？但是，话还得说回来，在封建君主专制时代，一切荣誉不挂在皇帝身上，还能挂在谁的身上呢？我们虽然承认由秦始皇挂名，但必须认清真正创造历史的并不是他，而是人民。

（四）最大的物质享受。皇帝的物质享受也是全国最高的，不外衣、食、住、行、性五大事。衣中包括金银珠宝。住的是宫殿楼阁。唐杜牧有《阿房宫赋》描写为"五步一楼，十步一阁"。《史记·秦始皇本纪》上记载阿房宫是在骊山近旁所造的宫。阿，近也。房，旁也。是当时暂用的名，准备以后再拟出个好名称。从昭襄王以后到秦始皇正是第四代，近一百年，已经造了许多宫殿。秦始皇用武灭了六国，统一天下，又大兴土木，把六国宫廷中的金银宝器、狗马、美女完全抢了来，无地可放，于是命匠人分头到六国把原来的宫廷图样都画下，照样在秦国首都咸阳旁骊山下建筑阿房宫。可知规模之大，真是世界无比。他哪能料到后来"戍

骊山图

卒叫,函谷举,楚人一炬,可怜焦土"呢！据《史记·秦始皇本纪》记载：

> 于是始皇以为咸阳人多,先王之宫廷小,吾闻周文王都丰,武王都镐,丰镐之间,帝王之都也。乃营作朝宫渭南上林苑中。先作前殿阿房,东西五百步,南北五十丈,上可以坐万人,下可以建五丈旗……隐宫徒刑者七十余万人,乃分作阿房宫,或作郦山。……关中计宫三百,关外四百余。……乃令咸阳之旁二百里内宫观二百七十复道甬道相连,帷帐钟鼓美人充之。

> 秦每破诸侯,写放其宫室,作之咸阳北阪上,南临渭,自雍门以东至泾、渭,殿屋复道周阁相属。所得诸侯美人钟鼓,以充入之。

秦皇死后,住在最安全的坟墓中,还有五千卫兵(陶俑)保卫。《秦始皇本纪》记载：

> 始皇初即位,穿治郦山,及并天下,天下徒送诣七十余万人,穿三泉,下铜而致椁。宫观百官奇器珍怪徒藏满之。令匠作机弩矢,有所穿近者辄射之。以水银为百川江河大海,机相灌输,上具天文,下具地理。以人鱼膏为烛,度不灭者久之。二世曰："先帝后宫非有子者,出焉不宜。"皆

25

令从死，死者甚众。葬既已下，或言工匠为机，藏皆知之，藏重即泄。大事毕，已藏，闭中羡，下外羡门，尽闭工匠藏者，无复出者。树草木以象山。

按：始皇墓在西安旁骊山东首，据说项羽攻进关中，曾派士卒去破坏过。今已发掘了陪葬墓，规模很大。我在一九七八年去过。据秦陵发掘工作室的主任告诉我：秦陵还未发掘，但已有穿穴被盗痕迹。今发掘了墓旁的陪葬圹穴，在圹道中整齐排列有五千人，都是陶俑，还有一些马。马骨只三具。这些士卒陶俑完全照真人塑造，面貌十分生动，各个不同，都是红衣、绿裤、布鞋。有一部分已打碎倒

秦战士与战马俑

26

大驾卤簿图（宋代）

地,是被项羽士卒破坏的。有部分完整的已放在陈列馆中。强弩,每发十矢,有弩机可挽。据说作战时强弩手在前,强弩发射,矢如雨下,把敌阵打乱。然后,后排士卒持三尺长刀跃上砍杀。今天出土展出的长刀,已历两千多年,刀刃还锋利不锈。弩矢三棱镞寸许,发蓝光不锈。可知那时已发明钢铁烧蓝。还有陶俑造像都是象真人一样。将来发掘始皇全墓,不知还有多少惊人事物! 而明、清帝王坟墓都不及秦陵。这说明秦皇帝的势力,真达到了登峰造极。

行,是车驾仪仗。有一整套仪仗,称卤簿,设官专管。皇帝出宫讲究排场。秦始皇出巡五次,排场伟大壮观。他带了侍臣、美妃、宦官、婢女以及卫兵、士卒……浩浩荡荡,连绵十余里。他坐的是辒凉车,特别大,可睡觉。夏天打开四窗很凉快,冬天放

27

下帷帐，还生着炭炉，很温暖。还前后伴着伪装的御车。其他大臣妃子或坐车，或乘马，或步行。所到之处，百官跪伏两旁奉迎。一切饮食、马草都须地方供应，百官叫苦，人民更被洗劫一空。隋炀帝游江南闹亡了国。清乾隆帝下江南浪费极大，他还想搞第二次下江南，大臣苦谏说："再去，人民都要反了。"他才害怕了。

　　还有最大的性的满足。这是帝王所独有。因为全国美女都可供他一人享受，因为只有他有权公开在全国选美女。一夫多妻，在奴隶社会就形成了制度，一个奴隶主可以一妻数妾。到周朝可以有一百多人。《礼记·昏义》：

　　　　古者天子后立六宫、三夫人、九嫔、二十七世妇、八十一御妻。

　　按《周礼·天官冢宰》：九嫔以下的世妇、女御都不言其数额。女御即御妻，可以无限扩大。到秦始皇统一天下，把六国的后妃美女都抢了来，数目不止数百，实有数千上万，供他一人享用。而人民却有无数因穷困娶不起老婆的单身汉。这是人间最不平的事。在封建社会，一般官僚地主都是妻妾成群，子孙满堂，何况皇帝。如汉武帝的弟弟刘胜，封中山王，每天吃喝玩乐，不干正事，只管生儿子，生了一百多个儿子，女儿也有此数，不知羞耻，还自诩多子多福。明代小说《金瓶梅》描写山东清河县一个小恶霸西门庆，一妻五妾，就闹了许多丑事。

28

第五妾潘金莲姘上女婿，又暗偷小家奴；第三妾孙雪娥姘上家奴来旺。

最可惊异者，一个皇帝占有这许多美女还不满足，还要搞男色。男色古称嬖臣，后称相公、屁精。据说始于春秋，卫国的弥子瑕、魏国的龙阳君，就是嬖臣。《汉书》有《佞幸传》，给八个嬖臣作传。如：邓通、韩嫣、石显、张放、赵谈、李延年、淳于长、董

《金瓶梅》插图

贤。到清朝，则公开有相公堂子。《品花宝鉴》这部长篇小说专描写其事。《佞幸传》虽无关宏旨，但可暴露皇帝的丑行。外国亦如此。如罗马暴君尼罗娶男子为妻，公然行结婚典礼。公元二一八年到公元二二〇年又有罗马帝伊伽作女装，以希洛克为夫，这都是怪事。中国皇帝有宫女三千还不足，还要微服出宫嫖妓。微服，开始于秦始皇，载《秦始皇本纪》："始皇为微行咸阳，与武士四人俱，夜出逢盗兰池，见窘，武士击杀盗。"但这未必是冶游。正式出宫嫖妓的如宋徽宗赵佶微服访名妓李师师，词人周

邦彦来不及躲避，爬在床底下，后填词记其事，以致罢了官。明武宗正德皇帝朱厚照常微行，在大同恋妓女刘美人；又在宣府（今宣化）客店里，看上了店主的女儿李凤姐，京戏《游龙戏凤》演其事。清同治帝载淳也出宫嫖妓，得了梅毒而死。又皇宫惯例，新皇帝即位，宫女要新选一批，隔了数年又要例行把年岁大的放出换选一批妙龄美女。明世宗嘉靖帝朱厚熜听信道士陶仲文的话，选幼女供炼丹用。《野获编》记其事说：嘉靖中叶上饵丹药有验。至壬子冬命京师内外选女八岁至十岁者五百人入宫。乙卯九月，又选十岁以下者一百六十人。盖从陶仲文言，供炼药用也。其法名先天丹铅，云久进之可以长生。这批无辜幼女，经炼丹后就放出，当时人称

汉成帝市里微行图

30

为药渣，无人愿娶。有时选美女往往闹成拉郎配趣剧，实是大悲剧。据《明史》载，福王派太监李国辅"到苏杭选淑女，民间婚娶一空"。但最悲惨者一进宫就终身不能出来见父母，泣别后等于入地狱。杜牧《阿房宫赋》说："有不得见者三十六年。"最后没有生子女者还得给皇帝殉葬，岂不冤哉！这是皇帝的罪状之一。《红楼梦》写贾元春选入宫

元妃薨逝图

当妃子，陪皇帝过夜，还能恩准回家省亲，但不久也忧郁而死。唐诗人写了不少宫词，控诉皇帝迫害少女的罪行，悱恻动人。过去有些文学史很贬斥宫词，以为无价值，是不对的。请看下引数首，都是唐著名诗人所写，你能不感动，说不值一读么？

行　宫

元　稹

寥落古行宫，宫花寂寞红。

白头宫女在，闲坐说玄宗。

31

四句二十字中说寥落、寂寞、闲坐,又说白头二八姑娘,禁闭了四五十年,她犯了什么罪,被判了无期徒刑?

何满子

张　祜

故国三千里,深宫二十年。

一声何满子,双泪落君前。

可知这个歌唱的宫女是从南方选来的,已禁闭了二十年了,青春早已葬送了,硬心的君王哪能怜悯她的双泪呢?

后宫词

白居易

泪湿罗巾梦不成,夜深前殿按歌声。

红颜未老恩先断,斜倚薰笼坐到明。

这又是一种情况,曾受过皇帝的恩宠,但不久就被遗弃了,在寂寞愁思外又加上了悲怨的情绪,不如嫁个卖油郎,白头到老。可悲可叹!

长信秋词

王昌龄

奉帚平明金殿开,且将团扇共徘徊。

玉颜不及寒鸦色,犹带昭阳日影来。

这是唐人绝句中的绝唱,的确写得深刻,一个

明宣宗射猎图

"寂寞"、"泪"等字眼,只写出一种绝望的妒情。她痴
情地从早到晚在期待,但君王却在昭阳殿迷恋着赵
氏姊妹。她对皇帝那样迷信,不知皇帝是她的死
敌,还在嫉妒寒鸦呢。寒鸦从昭阳殿飞来,还能沾
上皇帝的光,有些温暖,而自己连禽鸟都不如了。
这实在太可怜了!

　　至于宫妃殉葬几乎一直没断。明太祖朱元璋
死,用嫔妃四十六人生殉。成祖朱棣用十六人生
殉。宣宗朱瞻基用十人生殉,其中有一名叫郭爱,
字善理,凤阳人,善文词。她选入宫还不到一个月,
竟被圈定殉葬。她在死前做了一首绝命诗说:

33

修短有数兮，不足较也。

生而如梦兮，死则觉也。

先吾亲而归兮，惭予之失孝也。

心凄凄而不能已兮，是则可悼也。

今天我们读了这首绝命诗还心弦颤动，悲痛难忍。谁还要歌颂皇帝，那是荒唐之极了。

当皇帝还嫌不足,还想搞什么?

皇帝独有四大特权,应该心满意足,还想搞什

么呢?不,他并不满
足,他还要求四大事:

(一)梦想征服世
界。骄傲自大的帝王
都嫌自己的领土还不
够大,世上还有不少
土地、人民没有在我
权力之下,没有记在
我的版图上。秦始皇
统一六国"分天下以
为三十六郡……地东
至海暨朝鲜,西至临

拿破仑像

洮、羌中,南至北向户,北据河为塞,并阴山至辽东"。

(见《秦始皇本纪》)但他并没有满足,他最头痛的是匈奴。

他筑长城,又派蒙恬领了三四十万大军防守北疆。

如果他不死,他还会往北进攻。中外帝王都是这

样。如马其顿的亚历山大、罗马的凯撒、法国的拿

破仑,都想征服世界,但都失败了。法国文学家都

德写《圣诞节》一文,描写拿破仑在圣诞节午夜,听

35

到教堂的打钟声，就俯首看他与奥国公主生出的小王子。他默祷上帝帮助这小王子将来能建立奇勋，征服非洲，完成他未竟的伟业。可是他不久就失败了，被囚死在孤岛上。

（二）希望传位子孙至万代。夏、商、周三代的开国皇帝还没有这种奢望。到秦始皇开始就企求传万代。他说："朕为始皇帝。后世以计数，二世三世至于万世，传之无穷。"他想得最长，传得最短，传一代就亡了。

（三）求天保佑年年丰收。认为人民吃饱，就不造反，可以保住江山王位。他是为自己打算，不是为人民着想。所以，历代皇帝首先是祭天地，祭祖宗神灵。《史记·孝武本纪》说："间者河溢，岁数不登，故巡祭后土，祈为百姓育谷。"他不想想要为百姓育谷，必须设法兴农业，治水利，奖力田，更要减轻赋税徭役，否则加重剥削，丰收也徒然。他又不

社祭图（清代）

36

知求神不如求民。商代人已懂得，"天作孽，犹可违；自作孽，不可逭。""天视自我民视，天听自我民听。"实际上这是战国才产生的思想。商尚鬼，那时重祭祀，要借神来压服民（奴隶）。我听天的，民（奴隶）听我的，怎能让天来听民（奴隶）的呢？

（四）妄图长生不老。皇帝总想自己能长生不老，永远当权。统治阶级莫不如此妄想。因此，方士应运而生。方士就是后来的道士。初出于春秋时的道家，本是诸子百家之一，代

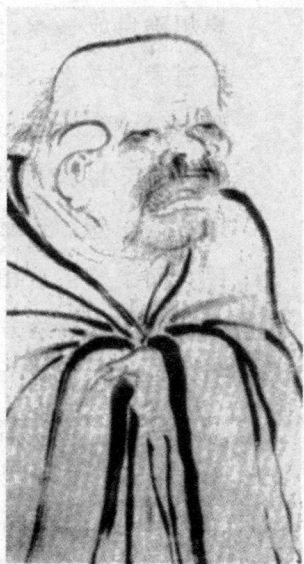

老子像（南宋）

表人是老子，他是春秋时周王的守藏史。《史记·老子列传》说："老子者，楚苦县厉乡曲仁里人也，姓李氏，名耳，字聃（dān），周守藏室之史也。孔子适周，将问礼于老子。……孔子去，谓弟子曰：'……吾今日见老子，其犹龙邪！'老子修道德，其学以自隐无名为务。居周久之，见周之衰，乃遂去。至关，关令尹喜曰：'子将隐矣，强为我著书。'于是老子乃著书上下篇，言道德之意五千余言而去，莫知其所终。"但在同一篇《老子列传》中，对老子生平，还有另一种不同的说法。尽管这篇传记对老子生平写得十分闪烁、暧昧，但确有老子其人，是无疑的。他的

37

思想确自成一家，经过庄周列御寇的发展，就产生了道家。方士，在《史记·秦始皇本纪》中就有记载，或称"方士"，或称"方术之士"，还有真实姓名。方士讲长生，成神仙，又讲炼丹、房中、采补，全违老子道家的思想。道家讲清净无为，去智与欲，小国寡民。而秦始皇正相反，好大喜功，多事多欲，贪求长生成仙。他招纳方士是统一天下以后，先是齐人徐市等上书言"海中有三神山，名曰蓬莱、方丈、瀛洲，仙人居之。请得斋戒与童男女求之。于是遣徐市发童男女数千人，入海求仙人。""三十二年，始皇之碣石，使燕人卢生求羡门、高誓"（二仙人名），卢生说始皇曰："臣等求芝奇药仙者常弗遇。"始皇亦云："方士欲炼以求奇药，今闻韩众去不报，徐市等费以巨万

秦始皇遣使求仙图

万计，终不得药。"徐市、卢生等这些人都是方士。但只说求奇药仙药，还没说炼丹，炼丹还在后。在《史记·孝武本纪》就继承了秦始皇，又加以发展。"孝武皇帝初即位，尤敬鬼神之祀。"先是有方士李少君，自称已数百岁，提出炼丹砂为黄金。后有齐人少翁，年二百岁，色如童子；又有栾大，都是方士，因用诈术欺骗了皇

张天师祈禳瘟疫图

帝而被诛。到汉末有沛人张陵，客居蜀中，造作道书，以惑百姓。这是道教之始。子衡、孙子鲁，传其道。《三国志》有《张鲁传》。到晋葛洪撰《抱扑子》，才明说炼丹砂、服丹砂，但并不能生长，而恰恰是导致速死。《抱扑子》上明说"寒食散"（壮阳药），都证明了炼丹、服丹到晋才流行。也证明秦始皇只活到五十岁，但并非服丹砂而死。《秦始皇本纪》详记他一再受骗，而绝不放弃长生之望，还信真有神仙，真是愚不可及。但据今秦陵发掘的秦始皇墓中发现的石钟乳、紫石英、硃砂等很多，用大玻璃瓶装着陈列在展览室，一般游人都不知道是什么。原来这些正

是做"寒食散"的原料。寒食散当是"寒石散",又称
"五石散"。在这三种外,还有两种。五石散药方,今
还在医书中保存,但谁都不敢冒险尝试。《汉书·
艺文志》、《隋书·经籍志》上都载有"解寒食散方",
但都失传了。所以,秦始皇之死也有可能是服了
"寒食散"中毒而死。辅仁大学余嘉锡教授写的《寒
食散考》一文可为参考。

帝王有一套阴谋诡计
——帝王术

    帝王在表面上总被称为圣王、仁君，实际上正是诈骗起家，因为开国的帝王都以武力征服、消灭敌手，说是"伐罪"；压服人民，说是"吊民"。所谓"吊民伐罪"，说得好听，实则以暴易暴。因为帝王是压迫剥削阶级的总代表，怎能不压迫剥削人民呢？用武力用兵，就只能兵不厌诈，不能不用诈术。刘邦胜项羽就靠斗智，就是用诈术。项羽只用力战，不善斗智，就失败了。军事用诈术，政治也用诈术。政治是军事的继续。贾谊《过秦论》说："仁义不施，而攻守之势异也。"意即在打天下时用武力，在治天下时用仁义。这个仁义并非真仁义，而是假仁义，也是诈术。剥削压迫阶级怎能对人民有真仁义呢？所谓施仁政，实是一种政治手段。施仁政就是王道，王道也是诈术。儒家鼓吹汤武仁义之师的王道，都是用武力征服的。后来施仁政也实际用武力压服人民，自己制定了保护自己阶级利益的许多法律条文，用军队作后盾，来压服广大人民，仅仅使人民获得一种最低等的活命资料，却教人民不得侵犯他们一点儿特权。少数人凭什么独享特权，跨在多数人民头上？这是历史

41

必然，是避免不了的。在人类历史初期的原始共产社会，人人平等，完全平等，真正平等。到了私有制社会，出现了阶级，出现了压迫阶级和被压迫阶级，也就出现了压迫阶级专有的特权。这一段时期(奴隶社会、封建社会、资本主义社会)，等于人在幼年期出一期天花麻疹，可说是人类史上的病态期，决不是人类本来就如此，也不是永远如此，而是可以医治好的。医治之方，就是社会主义、共产主义。帝王和帝王思想以及官僚主义都是私有制产生的奴隶社会、封建社会以及资本主义社会的产物。到社会主义社会劳动人民当家作主，无产阶级专政，就不应当有了。但在过渡期还会拖下一条尾巴。在我国，由于几千年的封建统治，封建思

商汤施仁

商汤王在野外遇见有人张网四面捕猎，不忍赶尽杀绝，令网开三面。

42

想根深蒂固,封建思想的残余,还会长期存在。在建设社会主义社会进程中,还要注意反对封建思想的残余。

帝王的诈术,法家称为术数、权数。商鞅在《商君书·算地篇》首先提出,说:

> 圣人审权以操柄,审数以使民。数者臣主之术,而国之要也。故万乘失数而不危,臣主失术而不乱者,未之有也。

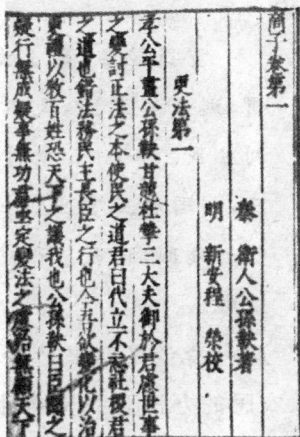

商鞅的著作

其实,所谓权、数、术,都是控制驾驭人民和臣下(官吏)的一套法术、诈术,而术数、权术又分驭民和驭臣两种。

法家商鞅的驭民术不外两种:一是消极的禁,一是积极的劝,禁又须愚民和重刑。在《商君书·垦令篇》中说:

> 民不贵学则愚,愚则无外交,无外交,则国安而不殆;民不贱农,则勉农而不偷。
>
> 愚农不知,不好学问则务疾农。智农不离其故事,则草必垦矣。

43

还须重刑，使人民即愚又怕受刑，人民就如牛马，成奴隶，完全驯服听我鞭挞驱使了。在《去强篇》上说：

> 重罚轻赏，则上爱民，民死上；重赏轻罚，则上不爱民，民不死上。兴国行罚，民利且畏。……王者刑九赏一，强国刑七赏三，削国刑五赏五。……以刑去刑，国治；以刑致刑，国乱。……刑生力，力生强，强生威。

这一套全是奴隶社会、封建时代对付奴隶和农奴、农民的办法。到资本主义社会就行不通了。人民没有文化知识就不能强国，只能亡国。到社会主义，还要求极大地发展生产力，生产丰富的生产品，才有条件搞共产主义。人民有了知识，自然就要讲民主，不能再搞封建专制独裁了。

一方面愚民、重刑，一方面还要农、战来奖劝立功。《商君书·算地篇》说：

> 利出于地则民尽力，名出于战则民致死。入使民尽力则草不荒，出使民致死则胜敌。胜敌而草不荒，富强之功可坐而致也。

中国的封建社会到了清末，就摇摇欲坠，再也维持不下去了，由于世界形势所逼，只有往前变，不可能往后退，退到奴隶社会去。因此，那时救国自强之道只有学欧美或日本。康有为等劝光绪皇帝向日

李鸿章与伊藤博文谈判《马关条约》时的场景

本学,搞君主立宪。有人说,如果当时没有旧派慈禧、荣禄等人反对,而一心学日本明治天皇、伊藤博文,那么中国发展资本主义,也富强了。但实际上,国际帝国主义不允许中国走这条路,它们是要把中国沦为殖民地。到清朝推翻,民国成立,袁世凯做大总统,他本是封建余孽,当兵出身,没有文化,却一脑子帝王思想。他曾在张謇(jiǎn)状元手下当差,每天扫地倒便壶,性极狡狯。张状元不喜欢他,就把他介绍到荣禄手下。后来派他到天津小站练兵,他就发迹了。他要当皇帝时,有杨度等人帮他建立筹安会,复辟帝制。那时各省督军几乎都是小站练兵时袁的部下,又离清朝覆亡不远,遗老遗少还很多;而革命知识分子不多,

所以复辟还是有条件的。但时代究竟不同了，人民不允许了。所以，只当了八十三天皇帝就失败了。以后，还有张勋等闹复辟，都以失败告终。这些闹复辟想当皇帝的都是十分反动而又愚蠢的家伙，不值一笑（听说杨度后来入了中国共产党，是周恩来介绍的。可见此人进步很快）。不久，五四运动起来了，马列主义思想传入，孙中山先生倡导的旧民主主义革命思想也不行了，封建帝王思想更不行了。要搞新民主主义革命和社会主义革命，这必然要由中国共产党领导，这是历史发展的必然规律。

封建帝王还有为了转移内乱而故意与外国打仗，借刀杀人，提出忠君爱国，这都是诈术大阴谋。如俄国沙皇的这种阴谋就给列宁揭穿了。

至于驭臣术，法家韩非子说得很透，他提出张君权，贵主弱臣。如：

有道之君，不贵其臣。（《韩非子·扬权篇》）

赏罚者，利器也，君操之以制臣。（《韩非子·内储说下》）

明主之所导制其臣者，二柄而已矣，二柄者，刑德也。何谓刑德？曰：杀戮之谓刑，庆赏之谓德。为人臣者畏诛罚而利庆赏，故人主自用其刑德，则群臣畏其威而归其利矣。（《二柄篇》）

君无见其所欲，君见其所欲，臣自将

刘邦祭孔图

雕琢；君无见其意，君见其意，臣将自表
异。故曰：去好去恶，臣乃见素；去旧去智，
臣乃自备。……明君无为于上，群臣竦惧
乎下。……有功则君有其贤，有过则臣任
其罪。（《主道篇》）

这种帝王的权术全是诈术。不贵其臣，是不要
太夸奖，要只挑毛病，要显出自己总比臣下高明万
倍。要喜怒无常好恶不形于色，以免给臣下钻空
子。使臣下害怕，不敢揣摩、谎报、作试探，只有老老
实实说实话。名誉都归自己，尽一切办法树立自己
权威，教人民都奉我为神。做错了都推给臣下，找
替罪羊。如果出了大乱子，实在推托不了，还可下
罪己诏。再不行，还可传位给太子，或下大赦令。其
他还有行封禅礼、藉田礼、郊祀、庙祀、祭孔礼……
一切都是骗术。秦始皇统一天下后，臣下上书就称

47

"诚惶诚恐，死罪死罪"，但公卿奏拜后，还可赐坐言事。到清代宰相只能跪奏，且自称"奴才该死"，可见君权在封建时代有升无降。清末有外国使臣来朝见，鞠躬行礼，不跪，皇帝以为大不敬，但又不敢杀他。正下不了台，有侍臣巧妙地解释：外国人腿骨僵直，只能伸而不能屈。传为笑话。

此外，中国皇帝往往杀功臣，这是怕他们权大要篡位。或者是同时信任两派的宰相，挑动他们暗斗，互相钳制，而自作渔翁，最后把他们都收拾了，另搞新的两派。这是一种最阴险的驭臣术。

中国古代的法家思想是为封建政权服务的一种上层建筑。而资本主义国家的法学、法律则是为统治阶级资产阶级利益服务的，与社会主义的法学、法律、法治思想不是一回事，当有所区别。虽有一些名词形式继承行用，但实质意义不全相同了。

儒家讲诚信，但也有一些诈术。如他倡王道、仁政，尊王贬霸。但王是表面，霸是实质。两者原是一回事。所谓"尊王抑霸"，实际上也是诈术，用来欺骗的。王、霸之分在《论语》上还没有明分，到战国时《孟子》、《荀子》才大讲王霸，都是说的尊王抑霸。《孟子》七篇中提出王霸的定义成效和优劣说：

> 以力假仁者霸，霸必有大国。以德行仁者王，王不待大。汤以七十里，文王以百里。（公孙丑）

> 霸者之民，驩虞如也；王者之民，皞皞

吴王像被刺图

　　如也。杀之而不怨,利之而不庸,民日迁
善而不知为之者。(尽心)

　　大则以王,小则以霸。(滕文公)

　　五霸者,三王之罪人也;今之诸侯,五
霸之罪人也;今之大夫,今之诸侯之罪人
也。(告子)

　　三王指夏王、商汤、周武。到春秋时,周王室衰
微,五霸当权。五霸指齐桓公、晋文公、秦穆公、宋襄
公、楚庄王。他们往往伪装借周王名义来控制诸
侯,谁不奉周正朔,不尊周王,就兴兵讨伐或灭其
国,如齐桓公就兼并三十一国。但孟、荀所说的五
霸的王不是指周王,而是指王天下。(王,名词,平声;王天
下的王,今读去声,为动词)。春秋时王室衰,五霸兴,所以
那时是尊王又尊霸。到春秋末,五霸也不行了,诸
侯互相攻伐,并成七大国。楚本是子国,诸侯之一,
自称为王;吴、越也自称为王。五霸自己不能自称

49

为王,当是尊周室的,但是后来诸侯也不听霸主了,再后来一国的卿大夫也不听诸侯,如三家分晋,赵、韩、魏本来都是卿大夫。后来卿大夫家的家臣也崛起当权,不听卿大夫了。如春秋时鲁国卿大夫季氏家臣阳虎就很有势力。到战国当更加发展,这是由于废井田,开(破)阡陌,铁器广泛应用,要求自由开垦,交纳租税,于是一批新兴地主阶级应运而生,有些人就获得政权。尊王贬霸思想实是战国时代的思想,因为到战国,五霸改为七雄,七雄大决战,其趋势当统于一。统一了七国,又是周王当初的大一统局面,但已不是诸侯之王,而是七王之王,所以这个王当读去声,即王天下,不是一国之王。因此,孟、荀所提,实据当时的形势必须一之(可参考郭沫若《十批判书》中《荀子的批判》)。但孰能一之? 曰:"不嗜杀人者能一之。"这就错了。是认错了事实。前代的汤武王天下,就用武力杀人。后代的秦统一也靠武力,杀人最多。把王天下说成施仁政就大错了。战国时的新形势不再是王霸,而是合纵与连横。合纵是以齐、楚大国为中心,不是尊周王,而是合作抗秦,维持现状。连横是山东六国同事秦帝,受他控制保护,这是打破现状,搞新的大一统。

儒家提倡的王道,反对或贬低的霸道,在欧洲过去也有此说。他们译王道为 Rule by Justice,霸为 Rule by Force,王道又可指"仁德专制"(Benevolent Despotism)或"开明专制"(Enlightened Despotism),代表人是十八世纪下半叶的德国菲列德里克大帝（Frederick the Great）。他曾说："我是国家的最大仆人。"又说："人民不是靠统治者而生存的，是统治者靠人民而生存的。"作为一个十八世纪的皇帝能有这种思想是够开明的了。十八世纪下半叶是清乾隆时代，正在疯狂镇压起义人民。在整个中国历史上也从来未有过一个皇帝说过这种开明的话（这是一种进步思想，不能说是诈术）。中国只有少数思想家如孟子说："君为轻，民为贵。""闻诛一夫纣，未闻弑君也。"至于霸道即指"专制独裁"（Autocrat 或 Dictator），暴君（Despot）。但与中国的霸主不同。如齐桓公、晋文公在五霸之列，但都不是暴君。在公元一五一三年有一著名的意大利政治家尼科洛·马基雅维里（Niccolo Machiavelli）写《君主论》（The Principe）一书，他是在封建制崩溃和资本主义萌芽时著名的思想家。他大倡"强权是政权的基础"，抛开道德来读政治。说可以采取纯粹的权术，可以不择手段，如收买、背叛、暗杀等，都是正当的。还认为作国王必须残忍；主张建立无限权力的独裁君主政体，才是消除国家分裂的惟一手段……。这种思想就是法西斯思想。后来十九世纪德国的尼采思想也受其影响。这种思想略近于我国的商君思想，可称恶霸思想。后世称其为"马基雅维里主义"。

战国时的五霸思想到汉朝就总结了经验，提出了王霸、德刑、文武、恩威兼施，就是外王内霸，或先霸后王，或忽王忽霸，这是汉宣帝教训儿子汉元帝说的。他说："汉家自有制度,本以霸王道杂之,奈何纯任德教,用周政乎!"(《汉书·元帝纪》)其实,周武王以武力、暴力灭纣起家,天下打得后就由兄弟周公旦兴礼作乐,大讲文治,所谓"周尚文",这算德政。可惜后来放弃武力,诸侯强大,而无力控制。秦始皇也以武力定天下,只是不知逆取顺守,伪施仁义。《汉书·陆贾传》记陆贾劝刘邦:"马上得之,宁可以马上治乎?且汤武逆取而以顺守之,文武并用,长久之术也。"其实商鞅早说过:"武王逆取而贵顺,争天下而上让,其取之以力,持之以义。"但最早还是出于儒家的《礼记·杂记下》:"张而不弛,文武弗能也;弛而不张,文武弗为也。一张一弛,文武之道也。"这实是封建时代的政治艺术,是反动统治阶级

汉宣帝诏儒讲经图

52

的一大发明。表面好似合乎辩证法，但也只适用于封建社会，只为了控制愚民，把他们绑在绞刑架上，一抽一放、一紧一松，不叫你死，也不叫你活。这是封建时代的一种恶毒驭民术。

反映儒家社会理想的伦理图

历史进入二十世纪，不再是神权、君权时代，而是民权时代、科学时代，民智大开，所以谁再想做皇帝，搞法西斯专政，觉醒的人民决不会答应。所以民国时代的袁世凯、张勋、蒋介石之流都注定要失败。

儒家讲的尊王抑霸问题，还是引用鲁迅先生的话作结论。他说：

在中国的王道，看去虽然好像是和霸道对立的东西，其实却是兄弟。这之前和之后，一定要有霸道跑来的。（《关于中国的两三件事》）

鲁迅的话不多，却很中肯。汉宣帝所说的霸、王杂用实是以霸为主，外王内霸，正是以王道为外衣，用以欺骗人民的。怎能吹捧他们能真的施仁政

53

行王道呢？

　　儒家还有一个"驭夷术"。《春秋》上提出的尊王攘夷思想，就是尊夏轻夷思想。一直到清末的两江总督张之洞，思想极顽固，仍坚持夷夏之分。他眼看自己事事不如外国，不能不学，于是也提倡开铁厂、建兵工厂、修铁路。但他还是说："中学为体，西学为用"。到李鸿章，又在外交上用诈术，说"以夷制夷"。好似聪明，其实很蠢的。自己不强，单靠投机取巧，结果几乎亡国，被瓜分。

《马关条约》签字场景

54

皇帝是人民的灾难

在封建时代，哀哀小民，一切都被反动统治阶级所奴役、所压迫剥削，连思想头脑也给统治住了：非统治阶级允许的就不敢想，也不敢言；更不敢怨怒，除非被逼到忍无可忍，达到爆炸点，才豁出命去起义造反。造反时还只杀贪官污吏，不打倒皇帝，以为皇帝是好

清官包拯像

的，只是误听了奸相坏官，欺压老百姓。他们绝对想不到这是阶级压迫。统治阶级中分化出来的忠臣清官，他们也很拥护，没有想到他们与皇帝是一丘之貉，本是帮着皇帝压迫人民的，不过在手法上、程度上变化些，减轻些。忠臣清官实际上给人民一种麻醉剂，欺骗人民要忠君，并热爱清官，这样就维持了这个反动政权。在那时，还没有资产阶级的革

命思想,更不可能有无产阶级的革命思想与马克思列宁主义;人民,特别是农民,热爱忠臣清官是可以谅解的。而有些忠臣清官也比较同情老百姓,也的确给人民做些好事。所以也须给以肯定,不能全不根据当时的历史条件闭着眼睛教条式地极左地都给否定了。如果在古代,骂忠臣杨继盛、清官包拯,一定会被老百姓当场打死砸烂的。而骂皇帝则要被官方全门抄斩或者灭族的。

提出皇帝是灾难,在封建时代,要有"舍得一身剐,敢把皇帝拉下马"的勇气。而今天,我这样说就不怕杀头灭族了。有学过马列主义的同志向我提意见,说,不要骂皇帝!恩格斯在《共产主义者和卡尔·海因岑》一文中批评海因岑说:

> 可是,伟大的"鼓动家"海因岑先生究竟是怎样进行宣传的呢?他宣称君主是造成一切贫困和灾难的祸首。这种论调不仅可笑而且极端有害。海因岑先生这里对德国君主这帮昏聩愚蠢的傀儡的阿谀献媚,实在到了顶点。他把一种虚构的、超自然的、神奇的威力加在这帮傀儡身上。海因岑先生硬说君主能造下多少灾祸,他们也就能做出多少好事。由此做出的结论却不是必须进行革命,而是虔诚地希望有一位可爱的国王、好心的皇帝约瑟夫。但是人民要比海因岑先生更加清

楚谁是自己的压迫者。海因岑先生要把
徭役农民对地主的仇恨和工人对雇主的
仇恨转到君主头上，是永远也办不到的。
但海因岑先生的所作所为确实对地主和
资本家有利，因为他把这两个阶级剥削人
民的罪过转嫁于君主。而德国十分之九
的灾难却正是由于地主和资本家剥削人
民造成的。

我说，恩格斯的话是完全正确的。但是必须补充，要理解他的全面意义。皇帝确是地主和资本家两个反动阶级的代表人，是灾星祸首。我们主要要打倒消灭这两个反动阶级，不是只打倒消灭某一个皇帝，更不是只消灭皇帝的名义。如果不消灭两个阶级，那么必然还会在这土壤中产生不用皇帝名号的皇帝。但皇帝又在率领着、庇护着全国的反动阶级压迫剥削老百姓。除了开国皇帝，世袭的皇帝几乎都是傀儡庸愚，他们做不出什么好事，但做坏事很拿手。真是成事不足，败事有余。且由于他有这样大的权位，有时心血来潮，神经病发作，随便说一句屁话，就可以死许多无辜的老百姓。如果他出游或大兴土木，如隋炀帝等，那就更要不知死多少人了。人类社会的活动总是有个头头，而头头是起作用的。擒贼先擒王，必须把头抓住。反动阶级的反动头头，就是灾星祸首。在大灾星手下有许许多多的中灾星、小灾星。地主、资本家都是一般灾星小头

头,而皇帝是大灾星、大祸首、总头头。我们共产党
主要要消灭反动的地主阶级、资产阶级,而皇帝是
反动阶级的一员,最大的一员。要消灭反动阶级,
决不能把他放过去。我们研究历史,决不能承认有
好皇帝。只可说著名皇帝、开国皇帝、对统一有贡
献的皇帝。当一个农民起义领袖,一旦做了皇帝就
背叛了自己的阶级成为压迫人民的皇帝,他就走到
反面,就会遭到失败。郭沫若《甲申三百年祭》一书
极有启发性。至于今天日本的、英国的皇帝是资本
主义国家的皇帝,性质与前不同,又当别论。要消
灭产生皇帝的土壤,根本上讲,要从生产力经济制
度上革命,决不是改了皇帝名称,也不是改革政治
上一些表面制度,更不是单纯抽象地进行思想改

隋炀帝剪彩为花

58

造。思想改造有用,但不是决定性的。到了共产主义社会,生产高度发达,经济生活都很满足,文化很高,道德很高,法制很健全,民主思想深入人心,就不会有想当官闹贪污、搞特权的人,帝王思想更不可能产生了。法国在十八世纪有学者伏尔泰(Voltaire)称赞中国皇帝奖励农业,搞

伏尔泰坐像

开明专制,说欧洲君主应当"钦佩,惭愧。尤其重要的是仿效"! 他是资产阶级学者,未看到中国历史的全面,我们切不可因此上当。

根据历史材料可以断定,皇帝确是人民的灾星祸首,皇帝是奴隶社会、封建社会历史必然的产物,又是人民灾难直接的、最大的制造者。或者说他像癌细胞的主核,会扩散到全身。全国的大小官吏都是他派遣的,都奉行他的命令,也效法他的行为;而这些官吏又欺骗了、影响了全国的人民。

他的化身可分:

(一)在宫中有后妃与宦官。后妃如妹喜、妲己、褒姒、郦姬、夏姬、南子、吕后、贾后、胡太后、武后、韦

59

后、慈禧等，都是坏女人。武后做了皇帝，一般认为她是英明女皇，其实，也不尽然。她有些小聪明，但心太狠毒，不识大体。她本是唐太宗宫中的才人，李世民死了，他儿子李治爱她，但怕母子结婚名誉不好，故意教她出家做尼姑、女道士，然后再接进宫与她结婚。所以骆宾王《讨武曌檄》骂她是"聚麀（yōu）"。麀，就是母鹿，聚麀是指野兽母子交配。她大杀唐宗室，任用刽子手周兴、来俊臣等发明各种酷刑乱杀人。对反对她的人，先以《罗织经》数千言，罗织罪状，进行陷害。酷刑有"突地吼"、"死猪愁"、"仙人献果"、"玉女登梯"等等名号，惨不忍睹。她把李治的原配皇后和肖淑妃残酷地处死，剁了手脚，泡在醋缸中，比吕氏杀戚夫人还残忍。又姘上和尚怀义。怀义"本姓冯，名小宝，卖药洛阳市，因千金公主以进，得幸于太后。太后欲令出入禁中，乃度为僧，名怀义"。以后，又冒姓薛。略同始皇母姘大阴人嫪毐。因此秽声四闻。她满不在乎。后来又重用两个面首（即男妓）——张昌宗、张柬之兄弟。后来

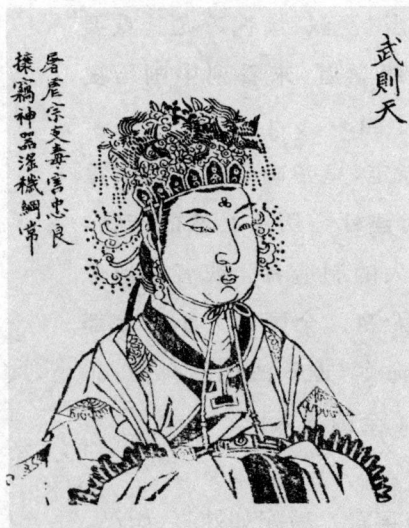

武则天像

她改国号为周,任意废立儿子李哲、李旦,形同儿戏,实是蠢极的坏女人。她的儿媳妇李哲睿宗妻韦后与她同一类型,与武三思姘居,鸩杀了自己的丈夫李哲(高宗李治可能也是武则天害死的),最后没好结果,韦氏、武氏都被灭了族。她们的当权胡搞,并不是女界的光荣,恰恰是耻辱。女圣贤、女学士、女英雄历史上有的是,如春秋时的邓曼、战国时赵太后、汉班昭曹大家、宋

唐高宗手迹

李易安,还有余太君、梁红玉等,很多是值得赞扬的。

宦官在封建时代造成的祸患更大。宦官是皇帝身旁又能奉旨、又能直入后妃寝宫的一种半阳半阴的奴仆,在奴隶社会就有了。《周礼》称寺人、阉人。后妃不能出宫传达圣旨,一般臣子不能进入皇帝寝宫,所以需要培养一种特殊人才,就是宦官。这种人必须割其阳具或睾丸,不能性交,往往不长胡须,像女性,故不怕他直入后妃寝宫,秽乱宫帏。当初是把儿童奴隶受了宫刑后派作宦官。阉人的来源有二种:一种是奴隶或有罪受宫刑的,如汉武

61

帝时的司马迁，为被匈奴俘虏的李陵辩护，就受到宫刑的处分。实际上是因他做太史公，编写史书，得罪了汉武帝。卫宏《汉旧仪注》云："司马迁作《景帝本纪》，极言其短及武帝过，武帝怒而削去之。后坐举李陵，陵降匈奴，故下迁蚕室。有怨言，下狱死。""蚕室"又称隐宫，是不见阳光的阴暗的宫室。因养蚕须在阴凉不见日光的房屋中，故称"蚕室"。凡"宫刑"之人，须在"蚕室"关押百日。

　　宦官是在生理摧残后为皇帝服务的。一种是为了效忠帝王，自愿受阉割做宦官的。春秋时，齐桓公宠臣竖刁，当初就是自宫以进。秦始皇的宠臣赵高是赵国的贵族子孙，《史记·蒙恬列传》上说他"兄弟数人皆在隐宫"，未必可信，赵高可能是自宫以进。秦始皇第五次出巡，赵高还带了一批小宦者，这批宦官受过阉割，体格长得特别肥硕有力。《史记·蒙恬列传》说"秦王闻高强力"，所以派他做中车府令，即侍卫队长。唐玄宗有宦官高力士。力士是宫中官名，也因宦官力大，所以充力士官。宦官到汉代更多，汉宣帝时弘恭、石显都是宦官，掌握大权，任中书令、仆射。但这些人都没做好事，竖刁最后作乱，逼死了齐桓公。赵高矫诏杀公子扶苏，最后杀二世，使秦速亡。石显也谗杀大臣萧望之、刘更生等。到东汉末，宦官"十常侍"演出了大闹剧，再加上外戚权臣三派互斗，终使汉朝败亡。《史记》、《汉书》有《佞幸传》，佞幸不尽是宦官。到《后汉书》

才立《宦者列传》。前汉外戚专权，靠宦官郑众等谋杀了窦宪，宦官的势力就大起来，到东汉末，外戚兼权臣的梁冀专权，又靠中常侍的单超杀了梁冀。因此封单超等五人为侯，世称五侯。又封单超为车骑将军。这些宦官头子（十常侍）不单控制了宫中的两千多小宦官，而且控制了朝廷上以及

蔡邕像

全国各地的文武大小官吏。当时"十常侍"中有一个宦官叫吕强，他害怕将来没有好下场，上疏揭发单超、张让等。吕强不单揭发宦官，且揭发外戚贵族等，可说是全面揭发。且指出蔡邕直言遭诬陷，使国人都闭口不敢言，正是东汉亡国的原因和现象。不过吕强所言还是极有分寸，并未指姓名。其实当时宦官的罪恶已至罄（qìng）竹难书。蔡邕已是最后的发言人，到吕强的发言是最后的最后，这是最后的丧钟。一个快要死亡的阶级或阶层，总会最后出一个听到丧钟而惊醒哭喊的人。但有什么用呢！大厦将倾，一木难支！吕强上了这疏就被逼自杀了。不久灵帝的外戚何进谋诛宦官，但何进这个宰相懦弱无能，不早动手，反而给中常侍张让等杀

63

了。袁绍就勒兵捕杀宦官，无论少长都杀光，共杀了两千多名。张让等十余人劫持皇帝（献帝）逃走，逃到黄河边，无路可走，张让等都投河自杀了。这次杀宦官是历史上最空前最痛快的一次，也枉杀了一些无辜的小黄门（宦官）。但封建制度仍然保留这一个特殊阶层，这是必然的。到唐代，宦官权力更大，随便可以弑帝，如宦官陈弘志弑宪宗、刘克明弑敬宗。到唐末，朱温也大杀宦官，只留下三十多个小黄门。明代宦官也很得势。宦官王振挟制皇帝领大军征瓦剌。汪直主持西厂，这是一个特务机关。刘瑾矫诏谤"奸党"（都是忠义之士）于朝，执朝士三百多

何进谋诛十常侍

人下狱。明末有魏忠贤提督东厂，也是特务机关。他的干儿子遍布全国；到处建立生祠，四时祭供。奸相严嵩，搞官僚坏人政治，再加道教佛教僧尼道士等腐蚀，加快了明朝的灭亡。欧阳修《五代史·宦官传论》说，宦者乱人之国，比女祸还甚。这个封建时代的特殊阶层虽是一小撮，但他

盘踞在王宫,钻在统治阶级的肝脏中,所以腐蚀性、破坏性最大。因为他深居宫中,无子女,又作最大的忠诚表现,一心尊帝,一生奉帝,别无信仰,所以皇帝都信之不疑。这一特殊阶层是中国所独有,外

魏忠贤生祠遗址

国古代史上还未见过,应该专门写一部宦官史。

(二)在朝廷中或各级政府中有外戚、权奸(权臣、奸臣、佞臣)以及形成官僚政治的一切官僚。

外戚是皇帝的妻(皇后)或母(皇太后)、妃、太子妃(未来的皇后)的父兄及子侄,都是贵族,封侯拜相。从《汉书》起,正史就有《外戚传》。外戚由于皇后或皇太后的内线裙带风,外公、国舅往往擅权窃国。汉高祖死后,吕后的兄弟子侄吕产、吕禄就想用吕代刘。汉宣帝时,霍光妻为了把女儿嫁给皇帝,不惜毒死皇后许氏。霍光本是权臣宰相,再加上外戚,导致全家灭族。王莽也是外戚,女儿为平帝的皇后,后来弑帝篡位。唐玄宗宠爱杨贵妃,任用她的哥哥杨国忠为相,国忠本是市井无赖,只知吃喝玩乐,哪知政治,结果引起安禄山造反,杨家也因此灭

族。可知外戚也是皇帝的化身,是人民的灾难。

权奸是有权势的大臣,往往是宰相。也有权臣而并不奸的,如商汤的大臣伊尹,汤死了,太甲接位,但无道,被伊尹赶走了。数年后,太甲表示悔过,伊尹仍把他迎回复位。周武王的弟弟周公旦也是宰相,有人造谣说他要篡位,周公逃避在外,后来成王悔悟了,又请他回来当政。三国时诸葛亮也是权臣,但忠事后主刘禅。他们都是权臣,但不是权奸。但一般权臣总是奸的。如汉末曹操,挟天子以令诸侯。当时他要篡汉献帝的位是很容易的,但他不篡位,原因是东吴、西蜀还未消灭,他篡了位就失去了挟天子以令诸侯的美名,还有些忠心于汉的老臣如荀彧(yù)等人在旁不同意,所以他只能说:"吾其为周文王乎?"(《自明本志令》)这是明说的要篡位,现在不篡,将来要篡。

权奸又分两种:一种是阳性的,是明目张胆咄咄逼人的典型。曹操是代表。一种是阴性的,表面上一点看不出,

王莽像

66

往往是那么的谦虚、退让、勤劳、刻苦，真像圣人，无懈可击，驯服可爱的狮猊，一旦有机，就扑上猛噬。无机可乘，则敛牙藏爪，闭目念佛，使皇帝信而不疑。前者以司马懿为代表，后者以严嵩为代表。曹操是很能识人的，且能用人。请看他在关羽温酒斩华雄时的表现。关羽是一个小小的弓马手，等于一个班长、排长的地位，

张辽义说关云长

袁绍等不许他上阵丢脸，给敌人耻笑己方无大将；但曹操独慧眼识英雄，还亲手斟一杯酒助威，关羽果然斩了华雄，酒还未凉。到刘备兵败，关羽流落被困，曹操派关羽好友张辽去说降，关羽提出条件，他都允诺，还送他许多金银，并常设宴招待。后来关羽不辞而别，他也不追。结果到自己失败路过华容道，遇到关羽，关羽果然放他逃走了。曹操在刘备流落无归时，也接待了他，对他说："天下英雄，唯使君与孤耳。"刘备受宠若惊，筷子都失手掉在地上。刘备在当时也确是一个英雄。其实东吴孙权

67

也是一个英雄，只是还没在赤壁交手；赤壁之战，曹操给子侄辈的孙权打得落花流水，他才说："生子当如孙仲谋。"其实，曹操的大儿子曹丕并不次于孙权，在打败袁绍后，曹操听说袁绍有一个儿媳妇甄氏极美，带人去抢，想不到大儿子曹丕捷足先得，他该领会大儿子的厉害了。曹操虽如此机警识人，但独独不识睡在身旁的一只笑面虎司马懿。他总以为司马仲达诚实勤谨是一个好助手，只是平庸无大志，不足惧。他决没想到曹魏的天下就给司马氏的晋取代了。可见道高一尺，魔高一丈；旧魔一丈，新魔十仞。司马懿杀大将军曹爽，就是跃起扑噬的一个例子。至于严嵩是大奸，是另一种类型。他诌事嘉靖皇帝，连做二十年的宰相。因为嘉靖皇帝信道教，常常请道士作醮（jiào），祭天求神，需要写个祈祷文，叫青词。严嵩是进士出身，擅作青词，得到嘉靖宠爱，当时称"青词宰相"。严嵩并无治国良谋，只有害人诡计。他谗杀了许多忠良，有名的杨椒山先生弹劾他，

刘备进位汉中王

68

就被他杀了。后来，南方各地建立了城隍庙，就是纪念杨椒山的。严嵩陷害忠良，都是借刀杀人，借皇帝的名义。如他诳杀王世贞的父亲王忬，是蓟辽总督，当时防边的大将军。王世贞兄

抄家图（明代）

弟每天去跪求严嵩帮忙，他还安慰他们说没问题，我一定去哀求皇帝恕罪，其实全是他暗中搞的陷害之计。他的党羽满朝廷，他的干儿子遍天下。《金瓶梅》小说上写山东清河县一个恶霸西门庆是他的义子（托名宋朝奸相蔡京，实是影射严嵩），全国大小官吏给他送礼，金银宝器、绸锻绫罗，直到古书名画。到他被抄家时，他的库房所藏比皇帝各库所藏的还多。史书上还保存了这份抄家的一部分财物清单。他是大贪官的头号人物，但他都推在他的恶子严世蕃身上。世蕃是独子儿，长的很丑，矮胖短项，还眇一目，但诡计多端，官做到工部侍郎。严嵩有所为，都要跟他商量。有些奏疏都是他的手笔。他无恶不作，《金瓶梅》上写西门庆娶妾谋财，如娶孟玉楼、李瓶儿等，可能是他干的。严嵩把罪恶都推在儿子身

69

上,皇帝居然信他,因为他每天黎明就到宫内上班,整年不请假,二十年如一日,生活俭朴,也不娶妾嫖妓,也不受请徇私。这都是他装的假象。有一次,他的最亲密的党羽赵文华觅来壮阳药酒,暗献给皇帝服用,受到嘉奖。严嵩知道了,叫来大加训叱,说他违反古圣为臣之道,准备上章参劾,吓得赵文华跪地不起,发誓求饶,还请出老师母作保,才算了事。其实,这些都是虚伪的做作,使自己蒙上一层厚厚的画皮,不易被人揭穿。到儿子严世蕃处死腰斩了,抄了家了,严嵩都未受处分,还恩准他告老辞职回乡,活到八十四岁,死去了。他真是一个大奸典型,也因为他遇到的是一个糊涂昏君。这种奸佞阴险之人最可怕,也最难防,他有市场,许多人都喜欢他,都愿买他的货。自古忠直犯颜之人往往被杀、

严嵩父子所藏名画《牧马图》

被贬,但确是良药苦口;反之,奸佞善媚之人往往被信用重用,花言巧语,听起来很受用,但如鸦片,多服了会中毒,招致杀身之祸。自古说佞臣亡国,就是这个道理。佞臣再加上淫妇,亡国无疑,如桀、纣、吴王夫差、隋炀帝等。

佞臣就是马屁精,也是私有制社会的产物。奴隶主以及封建君主、大地主、大官僚旁就有一批马屁精围着,都想得到提拔,升官发财,才发明拍马伎俩。有的精于此道,就成马屁精。这大可写一本马屁术、马屁学。只是马屁精怕泄密,怕泄漏真传,不肯写出而已。根据历史资料,马屁精有大小之分。"胁肩谄笑,病于夏畦",这是一眼就可看出的小马屁精。至于大马屁精往往是大奸若忠,大佞若讷。至于邹忌说的"我妻之美我者,私我也;妾之美我者,畏我也;客之美我者,欲有求于我也"(《战国策·齐策》),这是一般拍马屁,无关大体。古书上一再说"远佞人","亲君子,远小人",可就是不认识佞人,或者是明知他是佞人、马屁精,就是远不了,舍不得离开他。好似西门庆一天也离不开应二哥,没有他在旁就感到不舒服。马屁精成了快乐丸、逍遥散,实际是腐心剂、糖衣炮弹。事实上,马屁精并不足怕,可怕的是好谀。当权的皇帝、宰相、刺史、县令等好谀就危险了。好谀又好闻过,还可相抵,但是往往只好谀而不好闻过。歌功颂德,说过头了也没关系,听了也是心花怒放,洋洋得意。其实是臣下、群

71

众的功劳,都算在他账上,他毫不以为耻,反以为是当然之事。如果稍加批评、规劝,虽极为含蓄,但听之极为敏感,立刻就不高兴,脸色惨变,甚至脸红脖粗,勃然大怒,拔剑而起。只喜闻过不喜颂功的,只有大禹。他"闻善言则拜",闻过则喜,但他不是历史上实有之人。唐太宗善于纳谏,他脑子灵活,听到规过之言,就提高警惕,想到后果,所以能强忍大怒。但有一次,也几乎要把魏徵杀了。闻过则喜在历史上是很少的,可以说是没有,都是好谀的,只是忌面谀。因此,过去有些官儿就不许面谀。但不面谀就背谀,或者当面转达某人背谀之言,实际也是更好的面谀。王夫之《读通鉴论》第一篇《论秦始皇》只提出两个字的批评叫"好谀",极为深刻。秦始皇

大禹求言图

因好谀而亲近赵高,因好谀不好谏而疏远了长子扶苏,这就亡了国。自古帝王如越王勾践以至洪秀全,在失败受挫时与臣下共患难如兄弟,言听计从;后来成功胜利了,就骄傲起来,听不进忠言,而且要杀忠臣,如勾践杀文种、洪秀全杀杨秀清等。骄傲到什么谀言都要听,一句忠言也听不进。谀言不管面谀、背谀,以至劣谀、丑谀,如《金瓶梅》里的应二哥有许多丑谀,语词肉麻,听了可以使人全身皮肤起鸡皮疙瘩,居然说得出口,而西门庆大哥居然也听得进,可笑可叹。下面我说一个旧社会关于好谀的故事:

大汉奸曾国藩有一天吃过晚饭在办公室与几位幕府同僚闲谈,评论当世英雄,说:"彭玉麟、李鸿章等都是大才,我所不及。我可自许者,只是生平不好谀耳。"一个同僚接下去说:"各有所长。彭公威猛,人不敢欺;李公精敏,人不能欺。"他说不下去了。曾国藩问:"你以为我怎祥?"众人都低首,沉吟苦思说不出来。忽然走来一个管抄写的后生,插嘴道:"曾帅是仁德,人不忍欺。"满座拍手。曾国藩也得意地勒着胡子笑说:"不敢当,不敢当!"后生告退。曾国藩问:"此是何人?"同僚告诉他:"此人是扬州人,入过学(秀才),家贫,办事还勤谨。"曾国藩就说:"此人有大才,不可埋没。"不久,就派他去扬州任盐运使。不料此人一到扬州,就花天酒地,日入千金还不够花,结果拐了大宗公款逃走了。有人报告曾国

73

藩,曾说:"他说我人不忍欺,他就忍心欺了我。"旁有一同僚故意挖苦他说:"谁叫您不好诹呢?"一句话把这个老贼僵住了,一句话也说不出来。这个故事说明了封建社会的统治阶级的虚伪丑态。

到资本主义社会,美国总统罗斯福态度就较为开明。有一天,他妻子告诉他有人在说你好。他回答:"很好。"依旧办公,面无喜色。后来他妻子又说,有人在骂你。他听了,也说"很好",依旧办公不停,面无忧色。妻子问他"怎么都说很好?"他说:"说我好我就更加努力;说我坏我就快改正,所以都是很好的事。"今天,我们是共产党领导的政府工作人员,应当比罗斯福还要风格高。不管职位有高低大小,但都是人民的光荣的勤务员。做出成绩,人民称好,不该骄傲自夸,这是党的培育,人民的支持,不是个人的功劳;出了错误,人民说坏,我快改正,不可灰心,更不要为个人、为错误辩解。改了就增长经验,使工作会做得更好,人

曾国藩像

74

官员出行图（汉代）

民会原谅。更不要找替罪羊推给别人。如果实在不行，就自责引退，让比自己高明的人干，以免损害人民的利益，或调做才力胜任的工作。这就是革命干部应有的态度。

至于在封建时代，朝廷和地方各级政府中的官儿，都是官老爷，即官僚。因为他们是皇帝、宰相任命的，不是老百姓选举的。他们只听从上面的命令，不能听从老百姓意志。他们受命来管制老百姓的，不是受人民的委托为人民服务的。谎说为民父母，实际是老爷、蝗虫。他们谄事上级，才可升官发财。升官的目的是发财，发了财才有一切。用财来向上纳贿再升高官，还可向人民买"万民伞"，骗得贤令、清官美名。要发财就得贪污，榨取人民。所以封建官僚的规律，是"学而优则仕，仕而优则富"。在封建时代，官是一个统治阶级特权阶层，他是皇帝的代表。官就是管，帮皇帝管制人民的。官官相护，就形成没法制、没廉耻，贪污腐化的官僚政治。许多官僚如飞蝗、如群鼠、如蚤虱，如癣菌，无法可治。

75

也有个别忠直不阿的御史官,持有钦赐上方宝剑,可以先斩后奏;还有一些清官,都只见效于一时一地,又有什么用呢?每次农民起义,把这批贪官污吏杀了一大批,但毒根不除。换了新皇朝,不久官僚又繁殖。到资本主义社会,由于经济法制、教育文化有变化,所以官僚也减少了一些。但由于仍是私有制,资产阶级专政,有种种特权,所以官僚和官僚主义不可能绝迹断根。甚至到社会主义,官僚主义的影响还会存在,只有到了共产主义社会,才会完全克服绝根。

现根据历史记载以及小说《三国演义》、《水浒传》、《金瓶梅》、《儿女英雄传》、《官场现形记》、《九尾龟》、《二十年目睹之怪现状》等等,对封建社会官僚面貌特征略作如下概述:

1. 相信天命,这是神权思想尾巴。

2. 相信皇帝是天之子、神的化身、人中之圣,是统治人民的,有专制、独裁一切的特权。"君主至上",是天经地义万世不变的。所有政治上的大官僚、经济上的大地主(大商人没有地位)、宗法上的大族长、宗教上的大祭司和大法师(有道教、佛教)、文化上的博士和大学士、军事上的大将军,都得听从他、服从他。对这有怀疑就是大逆不道,罪该万死。必须在头脑里养成这个信念,顽固不化,才可取得官僚资格。

3. 臣事君必忠,即绝对而无条件地服从。但往往忠君而并不忠于国、忠于民。

4. 通过世袭或考试或捐纳或其他手法取得"入仕证"，不一定"学而优则仕"。往往多数是靠世袭、门荫不学而仕的。而学，又是学的"仕宦学"、做官术，不在于有知识、有学问。

5. 仕而优则富。官俸太薄不足养廉，主要靠贪污。"仕宦学"中主要是"发财论"、"贪污有方篇"、"搂钱术"等章。

6. 欲治其国者先齐其家。齐家是基本功。先当家长，要搞一言堂。又要学痴聋术，不痴不聋，做不得家翁。因妻妾争风吃醋，再加儿女争产，只能半痴半聋，是恩德；一言堂说了就算，违者加以鞭笞，这是威法。正是恩威兼施，德刑并用。

7. 要学官礼。如谒见上司，先写好谒见红帖，如何称呼，到门上如何送门包(赠门房二爷银)，如何跪拜，赐坐时如何侧坐(用半个屁股)，如何举杯，送客时退走辞出，都要按规矩而行，一步错不得。还要学写红八行书，年节请安，这往往由师爷执笔。

8. 要学打官话，学蓝青官话，说苏白、粤语不行。更要会拍马(善侫)，不可拍在马脚上。精于拍马者要拍而不露，使听者从心眼里舒服，要恰到好处，

董仲舒像

他是西汉时期的儒师，提倡"君权神授"理论。

中国皇帝评论

77

不可过分。如"天下文章，公为最最"，多了一个"最"字就不行。又要会吹牛，如明宗臣《报刘一丈书》："相公厚我厚我！"他会认识宰相，就不简单，而且还厚待我，那必然指日高升了。这个吹吹拍拍本领必不可少。当然还要撒谎，要脸皮厚，被拆穿了也不红脸。这是一种封建官场语言学，吹牛、撒谎、拍马是做官的诀窍。

9. 要搭官架子，架子越大越好，但只对下不对上。上级咳嗽一声，就可吓得他半死。

10. 要能表演，能笑又能哭。见了上司，要笑得好，要春风满脸，显得十分可爱，使人开怀，出门见喜；切不可绷着脸、皱着眉，如丧考妣。但有时又会哭，如得到上峰提拔夸奖，就要受宠若惊、诚惶诚恐，必要时还须感激流涕。如果上峰死了小妾，还须嚎啕大哭，显得象死了自己的女人一样。要练成厚脸皮，不知人间有羞耻事。

11. 要学一些应酬技能，叫酬世术，如猜拳拆字、相面详梦、

交流做官心得

象棋双陆、吹笛唱
曲……

12. 还有纳贿术，
要巧妙，不可如到商店
买肉，一手持银，一手
指着木砧上肥蹄子说：
"您给我这块好的，我
多给你钱。"要借好名
义、好时机，说给老太
爷做寿，给小公子买书
……所谓"暮夜苞苴"，
看不到人，也不留笔
迹，而心心相印，心照
不宣。如严世蕃搞的

上京纳贿图

"筐筐相望于道"，明目张胆，必然败露。

13. 精于运用待人接物法。对上司唯谨，对同
僚宜和，对下属宜诚。"和"、"诚"，都是虚伪的，只是
用来自吹。实际是一打一拉；或先打后拉，收服他，
所谓"使功不如使过"；或先拉后打，不易驾驭的就
借机打死（革职开除）；或过拉边打、边打边拉，抓住他
错处，如在孙行者头上套金箍，他就终身死心跟着
唐僧不敢违抗了。

14. 拜老师、认干爹（义父），拜兄弟、结金兰，甚至
参加会道门、搞朋党。

15. 用人重资历不重德才，而资历中又分等级：

79

同族（亲族或门第世族）、同派、同乡、同学（同年）、同姓，所谓五同。

16. 行贿有五子：金子（金条）、女子（美女佳人，甚至把自己的小妾、女儿作献礼）、珠子（珠宝、珍奇）、房子（住宅或田产相赠求官）、门子（即有硬门路、后台为推荐）。明相周延儒受贿，"五子"中有附子，是壮阳药。他每日不离口，可耻。

17. 人生观是只求一己荣华富贵、光宗耀祖、美姬侍侧、子孙满堂。一人得道，鸡犬升天，不管国家民族老百姓的存亡死活。他们发了财，都是回乡买地、买房、买婢、买妾，纳清福。

18. "三年十万清知县"，如果心狠一些，不要清官美名（美名值几个小钱一斤），还不止十万两。因此用全副精力挖空心思抓钱。说官吏一双手上有胶，最能粘钱，这话没错。其实，何止一双手，而是千手观音。至于怎样捞钱，可编专书。过去有人编《上海骗术百法》，其实，官僚贪污比骗子、小窃手段高明千万倍，花样百出。搂钱、送钱（纳贿）、花钱（取乐），样样

假按摩巧献美人计

80

发财还家图

精通。

19. 精于钻、升、保。钻是钻营，要把头削得尖尖的，有缝就钻，善钻营者得官。还求升迁，从知县升知府、升省的布政使、升两省的总督……升不上去，就须保官。用一切方法，首先不能有错，所谓"不求有功，只求无过"，还有"大事化小，小事化了"，都是封建官僚的保官诀。他们最怕丢乌纱帽，因为他们丢了官，就不能活下去。宁可三天不吃饭，也不可一天不当官。为了保官、升官，必要时还可出卖朋友，杀妻求荣。当官都不做正经事，只是打官话、搭官架、敲竹杠、刮地皮、搞特权、借公济私。如此而已，岂有他哉！但官吏中也有些搞学问的，如段玉裁、朱骏声等，都曾当过短期的县长，后来弃官，收徒讲学，著书立说，在文化学术上做出了成绩，这些都是受当时和后人尊敬的大儒硕学,并不是官僚。这只是凤毛麟角,而绝大多数均可称顽固不化的"死官僚"。

20. 还须枉法杀人。如错斩崔宁,错斩窦娥。怕冤鬼来缠,还可回家到"居士林"念佛打醮,请菩萨保佑。心不狠、手不长,怎能升官发财?

以上我列举封建官僚和官僚政治的丑态和罪恶,只是略举一二,但也可说明一些问题。

(三)在封建社会,遍布在广大的农村和小城市则有地主(大中小三类)、恶霸(往往与地主相兼,也有不兼地主而是开茶店、肉铺、生药店的,如西门庆开生药店,没有土地。《水浒传》中的镇关西开肉铺,也没地)、土豪劣绅(往往是年老返乡的大官或其兄弟子侄一帮),这一帮人数最多,都是土皇帝,是大皇帝的帮凶。大皇帝远隔千里,而这些土皇帝却近在眼前,天天管制、监视老百姓,吸血吮脂,敲骨吸髓,人民水深火热,如堕地狱。他们这一阶层是帝王的最低的基层,也是统治阶级的后备军。《水浒传》、《金瓶梅》小说就描写了这个基层

感天动地窦娥冤

82

现象。往往一个皇朝被推翻了,这个基层推翻不了,消灭不了。他们往往也混在农民起义的队伍中,如太平天国的萧朝贵、韦昌辉,就是地主出身。《水浒传》中的卢俊义、柴进等也是地主。这批人再加上中农、手工业者、小商人汇成汪洋大海。所以每次农民起义都趋于失败,这是历史条件决定的。

鲁提辖拳打镇关西

我们说,皇帝是人民的灾难,并不是说他一个人,而是指他带着一大帮的反动阶级。

中国皇帝评论

皇帝多数不得好死

皇帝多数不得好死,中外都是这样,原因不外:

(一)亡国被杀。第二代以后的皇帝都既无威信,又无治国能力,但骄奢淫乱的本领很高,一代不如一代,很快就亡了国。如秦始皇死了,二世就亡国被杀。王子婴接位不久,又被项羽杀了。

(二)被篡位。不亡国就被篡位被杀。如西汉末王莽篡位,杀平帝,立孺子婴,后来又把孺子婴杀了。

(三)被仇杀。雍正杀了他父亲康熙老皇帝,自己后来也被仇人杀了,连脑袋也丢了。传说入殓时特制了金头装上。他们杀人、害人太多,仇人太多。

雍正读书像

(四)纵欲服药暴亡。因为无事可干,就专玩女人。又女人太多,无力应付,就服春药,中毒暴亡。

(五)夭折。二三十岁就死了,史书虽

未明言,其中必有原因。多数也是纵欲丧生。皇帝妃嫔众多,可极人间之乐,生的子女也多,却往往演出老子杀子女、儿子杀老子的悲剧。明亡国时,崇祯皇帝在煤山上吊自尽前,亲自挥剑杀了他的爱女。他不忍看他的爱女被自己杀死而用袖子掩住自己的脸,含泪悲叹:为何生在我帝王家? 也有父帝被儿子杀了,如北魏第一代皇帝,还有隋文帝,也是第一代皇帝,都被儿子杀了。三国蜀帝后主子刘湛封北地王,国亡,他杀了妻子全家,演出了哭祖庙悲剧。

今根据《资治通鉴》、《续资治通鉴》及其他史料,从秦始皇起,直到清末,二千多年的封建皇帝的死因,简记于下(北朝、辽、金诸帝未列入)。

秦始皇　公元前246年即位。五十岁出巡到河北省邢台平乡县沙丘平台病死,可能是被赵高杀死的。

二世皇帝　公元前209年即位。被赵高逼宫自杀。

西汉·高祖刘邦　公元前206年即位。老病时,家庭矛盾尖锐。刘邦要废太子,立戚夫人子赵王如意,因此吕后可能对他下毒手。因四皓保驾不顶事,吕后怕刘邦再变计,不如把他杀了,就保险了。

惠帝刘盈　公元前194年即位。因母吕后凶悍,忧惧而死,年二十四岁。

少帝及高皇后(吕雉)　公元前187年即位。少帝年幼,太后临朝称制。太后死,文帝立,杀少帝。

文帝刘恒　　公元前 179 年即位。死年四十六岁。

景帝刘启　　公元前 156 年即位。死年四十八岁。

武帝刘彻　　公元前 140 年即位。死年七十一岁（以下年过五十岁而好死的就不记岁数了）。

昭帝刘弗陵　　公元前 86 年即位。无子。死年二十三岁，死得可疑。

昌邑王刘贺　　公元前 74 年即位。旋即因荒淫被废，故无谥号，死因不明。

西汉帛书

宣帝刘询　　公元前 73 年即位。死年四十三岁。

元帝刘奭（shì）　　公元前 48 年即位。死年四十三岁。

成帝刘骜　　公元前 32 年即位。死年四十六岁。是与赵飞燕姊妹淫欲过度而死。《飞燕外传》记他服了慎邺膏脱阳而死。疑即寒食散。因慎邺二字与霜雪二字同音。

哀帝刘欣　　公元前 6 年即位。是与董贤（男色）胡搞而死的。无子。死年二十六岁。

平帝刘衎　　　公元元年即位。被岳父王莽篡杀，死年十四岁。

孺子刘婴居摄（王莽摄政）　公元6年即位。被王莽篡杀。

［新］王莽　　公元9年即位。国亡被杀，分尸枭首。

更始帝刘玄　公元23年即位。被缢杀。

东汉·光武帝刘秀　　　公元25年即位。

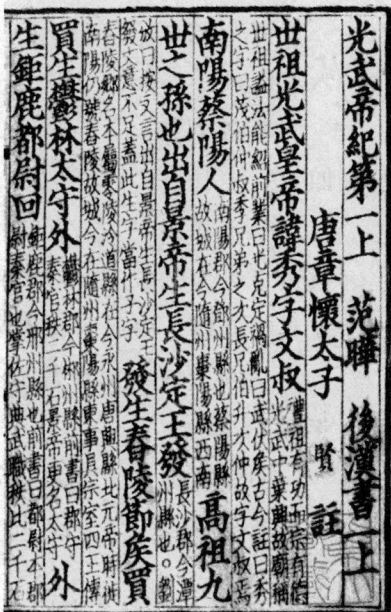

《后汉书·光武帝纪》书影

明帝刘庄　　　公元58年即位。死年四十八岁。

章帝刘炟　　　公元76年即位。死年三十一岁。

和帝刘肇　　　公元89年即位。死年二十七岁。

殇帝刘隆　　　公元106年即位。只活了一岁。

安帝刘祜　　　公元107年即位。死年三十二岁。

顺帝刘保　　　公元126年即位。死年三十岁。

冲帝刘炳　　　公元145年即位。只活了三岁。

质帝刘缵　　　公元146年即位。被梁冀毒杀，

年九岁。

恒帝刘志　　公元 147 年即位。死年三十六岁。

灵帝刘宏　　公元 168 年即位。死年三十四岁。

献帝刘协　　公元 189 年即位。本立少帝辩，被董卓废为弘农王，年十四岁（可能后来也被杀害了），而立其弟刘协。协后为曹丕废为山阳公。

三国·魏·文帝曹丕　　公元 220 年即位，死年四十。

明帝曹叡　　公元 227 年即位。死年三十六。

齐王曹芳　　公元 240 年即位。被司马师废立。

高贵乡公曹髦　　公元 254 年即位。被司马昭废。

元帝曹奂（陈留王）　　公元 260 年即位。被司马昭弑杀。

三国·蜀汉·昭烈帝刘备　　公元 221 年即位。

后主刘禅　　公元 223 年。亡国被俘。是昏君。

三国·吴·大帝孙权　　公元 222 年即位。

会稽王孙亮　　公元 252 年即位。被废自杀。

景帝孙休　　公元 258 年即位。死年三十岁。寝疾口不能言，似服丹中毒。

末帝孙皓　　公元264 年即位。亡国被俘。是暴君。

西晋·武帝司马炎　公元265 年即位。久病,后父杨骏专权。死年五十五岁,死因可疑。

惠帝司马衷　　公元290 年即位。食饼中毒死,年四十八岁。

怀帝司马炽　　公元307 年即位。后为匈奴刘聪俘杀,年五十岁。

愍帝司马邺　　公元313 年即位。被匈奴刘聪俘杀。

东晋·元帝司马睿　公元317 年即位。忧愤成疾而死,年四十七岁。

明帝司马绍　　公元323 年即位。病死,年二十七岁。

成帝司马衍　　公元326 年即位。病死,年二十二岁。

康帝司马岳　　公元343 年即位。病死,年二十三岁。

穆帝司马聃　　公元345 年即位。死年十九岁。

晋武帝像

89

哀帝司马丕　　公元 362 年即位。信方士言，断谷饵药，以求长生，后药发，不能亲理万机，一年后死，年二十五岁。

废帝司马奕　　公元 366 年即位。有痿病，为桓温废为东海王。痿病是淫欲过度所致。

简文帝司马昱　　公元 371 年即位。病死，年五十三岁。

孝武帝司马曜　　公元 373 年即位。为张贵人所弑，年三十五岁。

安帝司马德宗　　公元 397 年即位。被刘裕缢死，年三十七岁。

恭帝司马德文　　公元 419 年即位。被刘裕废为零陵王，后被杀。

南朝·宋·武帝刘裕　　公元 420 年即位。

少帝刘义符　　公元 423 年即位。被废杀，年十七岁。

文帝刘义隆　　公元 424 年即位。被太子劭所弑。

孝武帝刘骏　　公元 454 年即位。死于玉烛殿，不言病因。年三十五岁。

前废帝刘子业　　公元 465 年即位。因狂暴杀人过于桀纣，被杀，年十七岁。

明帝刘彧　　公元 465 年即位。暴病死，年三十四岁。

后废帝刘昱　　公元 473 年即位。狂暴杀人

过于前废帝,被杀,是
暴君。

顺帝刘準　　公
元 477 年即位。被篡
废杀。

齐·高帝萧道成
公元 479 年即位。

武帝萧赜　　公
元 483 年即位。

郁林王萧昭业
公元 494 年即位。
被弑,年二十二岁。

梁武帝像

海陵王萧昭文
公元 494 年即位。被废杀,年十五岁。

明帝萧鸾　　公元 494 年即位。死年四十七
岁。死前得暗疾,求书中蠹鱼为药,是壮阳药中毒。

东昏侯萧宝卷　　公元 499 年即位。亡国被
杀,年十九岁。是暴君。

和帝萧宝融　　公元 501 年即位。让位被杀,
年十五岁。

梁·武帝萧衍　　公元 502 年即位。被侯景
逼,饿死,年八十六岁。

简文帝萧纲　　公元 550 年即位。为侯景
所弑。

元帝萧绎　　公元 552 年即位。亡国,被魏人

杀。先下令焚烧古今图书十四万卷,是文化罪人,过于秦始皇。

敬帝萧方智　　公元 555 年即位。禅位。

陈·武帝陈霸先　　公元 557 年即位。

文帝陈蒨　　公元 560 年即位。

废帝陈伯宗(临海王)　　公元 567 年即位。被其叔陈顼废。

宣帝陈顼　　公元 569 年即位。被子叔陵弑杀。

后主陈叔宝　　公元 583 年即位。亡国投降。

隋·文帝杨坚　　公元 581 年即位。被儿子杨广弑杀。

炀帝杨广　　公元 605 年即位。亡国。被缢杀。

恭帝杨侑　　公元 617 年即位。禅位。

唐·高祖李渊　　公元 618 年即位。

太宗李世民　　公元 627 年即位。病痢死,年五十三岁(可能被暗害)。

高宗李治　　公元 650 年即位。造镜殿(四面有镜),服春药得病(苦头重,不能视,召侍医秦鸣鹤诊之……天后在帝中,不欲上疾愈,怒曰:此可斩也)。虽然死时年五十六岁,但未得好死,可能是武则天下的毒药毒死他的。

中宗李显(又名哲)　　公元 684 年即位。705 年复位。被韦后酖杀。

睿宗李旦　　公元 684 年即位。710 年复位。

92

杨贵妃上马图

几为故太子重俊所杀。

则天后武曌　　公元 684 年临朝；公元 690 年
称帝，改国号周。淫秽且枉杀，反得年八十二岁而
寿终。其儿媳韦后淫乱不如她，反被杀。

玄宗李隆基　　公元 712 年即位。迷恋杨贵
妃，几乎亡国。

肃宗李亨　　公元 756 年即位。在张后与李辅
国尖锐斗争中死去，年五十二岁。死因可疑。张后
侍肃宗病于长生殿，"使者逼后下殿，并左右数十人
幽于后宫，宦官宫人皆惊骇逃散，丁卯，上崩。"可能
是在无人侍侧时被弑。

代宗李豫　　公元 762 年即位。死年五十
二岁。

德宗李适　　公元 780 年即位。因太子病，悲
叹而死，年六十四岁。

93

顺宗李诵　　公元805年即位。"得风疾，不能言。"可能是饵药中毒。又史载："乙未，制以积疾未复，其军国政事，权令皇太子纯勾当。"死年四十六岁。风疾、积疾都是托言。

宪宗李纯　　公元806年即位。"服金丹，多躁怒，左右宦官往往获罪，有死者，人人自危；庚子，暴崩于中和殿。年四十三。时人皆言内常侍陈弘志弒逆，其党类讳之，不敢讨贼，但云药发，外人莫能明也。"可见有许多帝王被弒，而外人莫能明。

穆宗李恒　　公元821年即位。"方士稍复因左右以进，上饵其金石之药。"中毒暴亡，年三十岁。

敬宗李湛　　公元825年即位。为宦官苏佐明所弒，年十八岁。

文宗李昂　　公元826年即位。死年三十三岁，可能为宦官仇士良等所弒。

武宗李炎　　公元841年即位。"上饵方士金丹，性加躁急……道士以为换骨。上秘其事。"死年三十三岁。

宣宗李忱　　公元847年即位。"上饵医官李玄伯、道士虞紫芝、山人王乐药，疽发于背。八月，疽甚……上已崩，年五十。"也是服了壮阳药，毒发生疽。

懿宗李漼　　公元859年即位。史不言何病死，年四十一岁。《考异》曰："其日，宰臣萧邺等直至寝幄问疾。上微道'朕'三字而止。"可能也是服了金丹。他是迎到佛骨的,但佛骨迎来了,并不能救自己的命。

僖宗李儇　　公元 873 年即位。史言"上疾",不明说其病,死年二十七岁,也是服药中毒。

昭宗李晔　　公元 889 年即位。被宦官废立,后复位,被朱温弑杀。

哀帝李柷　　公元 904 年即位。国亡禅位,后被酖杀,年十七岁。

五代·后梁·太祖朱晃,又名温　　公元 907 年即位。被子友珪篡杀。友珪即位后亦自杀。

末帝朱友贞　　公元 913 年即位。国亡被弑。

后唐·庄宗李存勖　　公元 923 年即位。国乱被射杀,年四十二岁。

明宗李嗣源　　公元 926 年即位。几乎被篡杀,死年六十八岁。

闵帝李从厚　　公元 934 年即位。被废杀。

末帝李从珂　　公元 934 年即位。国亡,自焚。

后晋·高祖石敬瑭　　公元 936 年即位。

出帝石重贵　　公元 942 年即位。被契丹虏去。

后汉·高祖刘暠,本名知远。　　公元 947 年即位。

隐帝刘承祐　　公元 948 年即位。国亡,为乱兵所杀。

后周·太祖郭威　　公元 951 年即位。

世宗柴荣　　公元 954 年即位。死年三十九岁。

恭帝柴宗训　　公元 959 年即位。禅位，封郑王。

北宋·太祖赵匡胤　　公元 960 年即位。《考异》："《长编》因《湘山野录》存烛影斧声之说，元黄溍，明宋濂、刘俨，俱辨其诬……。"但事实确有可疑，因他一旦想改计，传子不传弟，必会被杀，因弟赵匡义权很大。

太宗赵炅（本名匡义，又名光义）　　公元 976 年即位。

宋仁宗像

真宗赵恒　　公元 998 年即位。

仁宗赵祯　　公元 1023 年即位。中毒暴亡。

英宗赵曙　　公元 1064 年即位。"得疾不能语。"死因可疑。

神宗赵顼　　公元 1068 年即位。得疾"风眩不能语"。死年三十八岁。

哲宗赵煦　　公元 1086 年即位。

96

宋高宗绘《蓬窗睡起图》

徽宗赵佶　　公元 1101 年即位。常出宫嫖名妓李师师。国亡被虏死。

钦宗赵桓　　公元 1126 年即位。国亡被虏死。

南宋·高宗赵构　　公元 1127 年即位。禅位与孝宗。

孝宗赵眘　　公元 1163 年即位。禅位与光宗。

光宗赵惇　　公元 1190 年即位。

宁宗赵扩　　公元 1195 年即位。《考异》:"史相继进金丹百粒,有顷,上崩。"

理宗赵昀　　公元 1225 年即位。

度宗赵禥　　公元 1265 年即位。"嫔妾进御,辰诣阁门谢恩,主者书其月日,及帝之初,一日谢恩者三十余人。"所以是荒淫而死。死年三十三岁。一夜搞三十多个女人,一定是吃了寒食散。

恭帝赵㬎　　公元 1275 年即位。国亡被俘。

97

端宗赵㬎　　公元 1276 年即位。第三年病死，年十一岁。

帝赵昺　　公元 1278 年即位。国亡,蹈海死，年九岁。

元·太祖成吉思汗　　公元 1206 年即位。

太宗窝阔台　　公元 1229 年即位。

定宗贵由　　公元 1246 年即位。在位三年即死,年四十三岁,无子。死因可疑。

宪宗蒙哥　　公元 1251 年即位。死于钓鱼山，死年五十二岁。

世祖忽必烈　　公元 1260 年即位。

成宗铁穆耳　　公元 1295 年即位。死年四十二岁。

武宗海山　　公元 1307 年即位。死年三十一岁。

仁宗爱育黎拔力八达　　公元 1311 年即位。死年三十六岁。

英宗硕德八剌　　公元 1321 年即位。被奸党弑,年二十一岁。

泰定帝也孙铁木耳　　公元 1324 年即位。死年三十六岁。疑被弑。

文宗图帖睦尔　　公

成吉思汗像

98

元 1328 年即位。次年弑明宗。死年十九岁,也未得好死。

明宗和世瑓　公元 1329 年即位,以文宗为皇太子。八月文宗弑明宗,文宗复位。明宗被弑时,年三十岁。

宁宗懿璘质班　公元 1332 年即位。死年七岁,在位四十三日。

顺帝妥懽帖睦尔　公元 1333 年即位。兵败北走,痢疾死,年五十一岁。

元顺帝像

明·太祖朱元璋　公元 1368 年即位。

惠帝朱允炆　公元 1399 年即位。南京城陷时,烧死。或说从地道出走为僧,不知所终。

成祖朱棣　公元 1403 年即位。

仁宗朱高炽　公元 1425 年即位。死年四十八岁。在位一年死,死因可疑。

宣宗朱瞻基　公元 1426 年即位。死年三十八岁。

英宗朱祁镇　公元 1436 年即位。被瓦剌俘去,后又复位。死年三十八岁。

代宗朱祁钰　　公元 1450 年即位。被英宗废立，不久死。必为英宗所害。死年三十岁。

宪宗朱见深　　公元 1465 年即位。死年四十一岁。

孝宗朱祐樘　　公元 1488 年即位。死年三十六岁。

武宗朱厚照　　公元 1506 年即位。俗称风流皇帝(正德)，常出宫微行，去宣化数十次，热恋客店女李凤姐，京戏有《游龙戏凤》，即演其事。死年三十一岁。

世宗朱厚熜(嘉靖)　　公元 1522 年即位。

穆宗朱载垕(隆庆)　　公元 1567 年即位。死年三十六岁。

神宗朱翊钧(万历)　　公元 1573 年即位。

光宗朱常洛　　公元 1620 年即位。服红丸中毒死。年三十九岁。闹成红丸案，丑名远扬。

明宣宗绘《武侯高卧图》

100

熹宗朱由校
公元 1621 年即位。死年二十三岁。

思宗朱由检（崇祯）
公元 1628 年即位。国亡自缢。

南明·福王朱由崧
公元 1644 年即位。亡国被杀。

唐王朱聿健　公元 1645 年即位。亡国被杀。

唐王朱聿锷　公元 1646 年即位。亡国被杀。

桂王朱由榔　公元 1646 年即位。亡国被杀。

韩王朱本铉　公元 1646 年即位。亡国被杀。

清·太祖努尔哈赤　公元 1616 年即位。

太宗皇太极　公元 1627 年。

世祖福临（顺治）　公元 1644 年即位。死年二十四岁。其叔多尔衮功大。福临之死，多尔衮有嫌疑。

圣祖玄烨（康熙）　公元 1662 年即位。死时六十九岁，为第四子雍正弑杀。

世宗胤禛（雍正）　公元 1723 年即位。死年五十八岁。传说被弑，头颅被窃。

法国人绘《崇祯皇帝自缢图》

高宗弘历（乾隆）　　公元 1736 年即位。

仁宗颙琰（嘉庆）　　公元 1796 年即位。

宣宗旻宁（道光）　　公元 1820 年即位。

文宗奕詝（咸丰）　　公元 1851 年即位。死年三十一岁。好色，淫欲过度，嫖妓生梅疮死。

穆宗载淳（同治）　　公元 1862 年即位。死年十九岁。

德宗载湉（光绪）　　公元 1875 年即位。死年三十八岁。被慈禧遗命处死。

宣统溥仪　　公元 1909 年即位。亡国逊位。后来又复辟为伪满洲国皇帝，被俘。到新中国才得善终，写出《我的前半生》。

同治帝像

以上所列历代正统的皇帝（包括少数偏安的），有的史有明文，是被杀、自杀的；有些史无明文，但有稗史传说，是不得好死的。还有死年不满五十的，都算夭殇。因此可以得出结论，历代帝王多数不得好死。我也不打算一一考其死因真相，因为人数太多了，也无此必要。我只对秦始皇的死作一考

102

证。前面说过,秦始皇可能是被赵高杀死的。他死于沙丘是可疑的,而一般不加疑,所以,不可不辨。现将我写的《秦始皇沙丘疑案》一文,附录于后,以供读者参考。

中国皇帝评论

附录：

秦始皇沙丘疑案

我以为秦始皇死于沙丘，是可疑的。原因是：

（一）始皇死时年只五十岁，并未衰老，且身体还很健壮，否则他不会再出巡，万里跋涉。又史上并未记他有什么暗病。

（二）第五次出巡，是始皇三十七年十月，到三十八年七月，在山东德州平原津得病。可能跋涉山川劳累了。七月正是酷暑，得了什么病（中暑、受凉、伤寒……），就在邢州（今邢台）平乡县沙丘官（行宫）平台（高台的寝室）中养病，必然有御医给诊治。他还能从容口授立遗诏，叫长子扶苏到咸阳会葬。可见他脑子还很清楚，决非急病。但《史记》并未记他得的是什么病。

（三）沙丘宫四面荒凉，宫室空旷深邃。（《史记·赵世家》记赵君主父僵就是被围饿死在沙丘宫的。）虽然随行者很多，至少有数千上万，住满宫殿，卫兵士卒可能还散居四乡民户；但他的寝宫只有少数宦官侍候，发生政变，还是很容易。

（四）他家庭、臣下矛盾很尖锐，当他出巡，经年在外，就会出问题。在外得了大病，更会出问题。

（五）一般大病不一定都得死。

我推测他在沙丘宫死于赵高之手。赵高是发动政变的主角。理由如下：

赵高与蒙氏兄弟蒙恬、蒙毅有仇怨。蒙毅曾判过赵高死刑，始皇赦免了他。蒙氏兄弟一文一武，为秦始皇所信任，也为太子扶苏所倚重。蒙恬领三十万大军防匈奴，扶苏是监军。他们都轻视宦官赵高。赵高不得不结交始皇爱子胡亥作为资本，以便将来有机反攻。

《李斯列传》记赵高自己供说："高受诏教习胡亥。"但《蒙恬列传》上说："秦王闻高强力（可知赵高受过阉割，身躯魁梧、多力，所以升他做中车府令，等于侍卫长，管领皇帝车马，出游时侍卫帝驾），通于狱法，举以为中车府令。高即私事公子胡亥。喻之决狱。"秦始皇有二十多个儿子，第十八子胡亥，他最宠爱。赵高私事胡亥，就是阴谋。

秦始皇五次出巡，赵高都跟在身旁。到第五次出巡，胡亥要求也去，始皇同意了。这也是赵高的主意和阴谋。赵高可借机多在始皇前夸说胡亥有大才，以便将来立他为太子。那时扶苏还未决定为太子，还称公子扶苏。

此时，由于始皇无意定胡亥为太子（胡亥已二十岁了），所以始皇到德州得了重病，赵高就起了坏心。到写遗诏令扶苏回咸阳会葬，那扶苏当然是太子，无疑要继承帝位当二世，因他有蒙氏兄弟支持。赵高想到扶苏继帝位自己决无活路，于是他下了

105

决心要杀始皇。这对他来说是生死攸关的斗争。那时最可怕的政敌蒙毅已被派出，"还祷山川，未返"，这可能是赵高的阴谋。因为蒙毅不在，只剩丞相李斯一人，才好下手。且李斯私心很重，可以控制，不足怕。而随侍在始皇身旁的小宦官又都是赵高的死党。因此在僻静空旷的沙丘宫里，正是下毒手的好机会。

赵高也参与秦始皇令丞相李斯写玺书，但玺书在赵高手里，这又是一个机会。玺书不盖玺印，不能授使者快马送信。《秦始皇本纪》："书已封，在中车府令赵高行符玺事所，未授使者。"赵高为什么压住不快发？可知他是故意的。《资治通鉴》记他对李斯说："上赐长子书及符玺，皆在

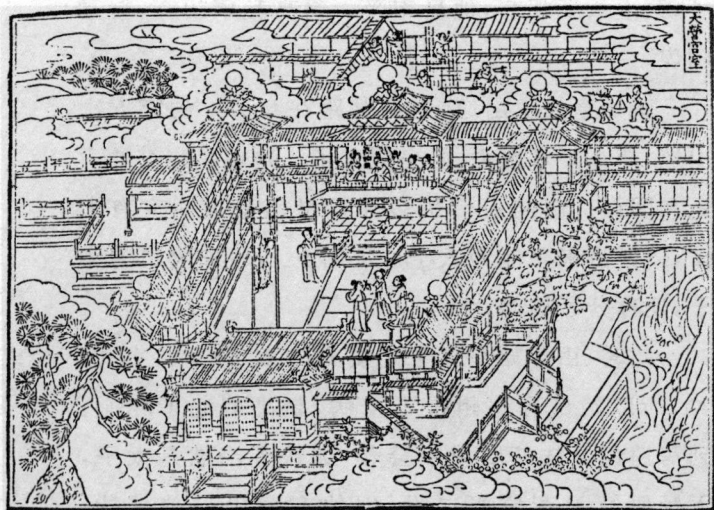

秦始皇大营宫室

胡亥所。"这明是赵高的推托。他怕李斯索取交使者急发。在此千钧一发之际,他要先说服胡亥,这容易;然后去说服李斯,这就较难了。胡亥先也不肯,说的话很合情理。这是可信的。赵高就摆出老师身份宣传他一套弑逆理论,说:"臣闻汤武杀其主,天下称义焉,不为不忠。卫君杀其父,而卫国载其德,孔子著之,不为不孝。夫大行不小谨,盛德不辞让……"这都记住《李斯列传》里。这等于赵高的口供,证明他会弑君的,后来杀胡亥的还是他。可能当时他已杀了始皇,所以他大言无忌。又记:"书及玺皆在赵高所",赵高就留下所赐扶苏玺书。但赵高不能压得太久,不是怕李斯要查问,而是更怕始皇清醒过来,问李斯玺书发出没有?如果说还没发,这还了得!如果写完玺书始皇就死了,当然最好;但弥留不死,李斯又没有被说服而去报告始皇,赵高是必死无疑。因此赵高在说服李斯前,必然先把始皇杀了。始皇死了,就不怕李斯不就范,如果李斯不听,可以把李斯也杀了。李斯果然是庸俗懦弱、自私透顶之人。他先也不答应,来回几次(至少要一二天),最后他流涕叹息屈服了。他对赵高毫无戒心,可能赵高善谀,也把他迷住了。李斯为了保位,怕蒙氏兄弟挤掉他。又以为胡亥年幼,感己德;赵高也感激自己与他同党,这样可以终身专权为相。他利令智昏,不想想自己参与了这种大阴谋活动，胡亥会不怕自己泄密，而把自己杀了灭口么？这件事在《蒙恬列传》上明记着："（赵）高雅得幸于胡亥，欲立之。又怨蒙毅法治之而不为己也，因有贼心，乃与丞相李斯、公子胡亥阴谋，立胡亥为太子。"又《李斯列传》记赵高对胡亥说："夫沙丘之谋，诸公子及大臣皆疑焉"。一般人只疑始皇死在外地，立胡亥为太子，杀公子扶苏是赵高、李斯、胡亥三人的阴谋，但没有进一步想到秦始皇死得不明白。他是病中被赵高杀死的。《史记》上明记着："棺载辒凉车中，故幸宦者参乘……独子胡亥，赵高及所幸宦者五六人知上死。"历代宦官当政，有不少皇帝都是不明不白地死在宦官手中的。

如果始皇病了，同意立胡亥为太子；或者不写遗诏，始皇还可能死不了。如果蒙毅不走开，或者丞相是韩非，也不会发生这次政变。或者扶苏听了蒙恬的话，不奉诏，领了三十万大军到咸阳会葬，秦就不会速亡。始皇没有懂得后来的贾谊那套封建政治理论，骄傲透顶，而一意孤行，把阶级矛盾对立发展到爆炸点；对赵高的阴谋活动，又没有一点警惕性，造成速亡，把全国人民推入再一次八年战火，才恢复中国再一次大统一，建立汉朝。因此，从个人条件说，他在这件事上并不是英明的。速亡的过失他要负责。汉代贾谊写《过秦论》，分上、中、下三篇，把秦始皇、胡亥、王子婴（父、子、孙）各打一百板，不公道。王

108

子婴不负这个责任，他英断地先杀了赵高，比始皇杀嫪毐、吕不韦高明得多。胡亥该打三百板，李斯要打二百板，赵高是罪魁祸首，该杀。我曾查阅《资治通鉴》、《续资治通鉴》、二十四史等，就看到有不少帝王死得蹊跷。如果天真地死信旧史书上的字面文章，那真会"尽

光绪帝送葬图

信书不如无书"了。还有清代光绪的死，说太后卧病，光绪在三十四年十月初十晨率百官步行来贺太后万寿，身体无病。但是十九日，就传出光绪死了。又说慈禧听到有人馋言光绪闻慈禧病重，面有喜色，慈禧怒曰："我不能先尔而死。"这就够了，不必再说慈禧派谁去杀害光绪的，用的什么方法：扼死或酖杀的？如果读史者要死追这些，否则就不信，那就真是书呆子了。始皇沙丘之死本是疑案，已为当时诸公子所疑，疑他立胡亥杀扶苏；但都没有进一步疑始皇死得不明，是谁杀害的？因为始皇刑威，都不敢这样想，也不知全面情况。在二千多年之后的今天，综合历史材料来分析全面情况，才使我怀疑，并猜测始皇

之死是赵高、胡亥闹的政变。如果在当时丞相李斯忠正不变心，下令拷问侍候在始皇身旁的小宦官，一问就可真相大白。但他不敢，因为赵高要杀他很容易。

中国皇帝最多,较可纪念的只有七位

今天要查问全世界哪一个国家在历史上皇帝最多,这当然要推中国了。

中国从古究竟出了多少皇帝(帝王),实在数不清。秦始皇称帝以前不去说他。从秦始皇统一称帝,传了两代。两汉有二十七帝。三国共十一帝。两晋十五帝。南北朝,南朝宋、齐、梁、陈,共二十四帝;北朝北魏、东魏、北齐、西魏、北周,共三十二帝。晋、五胡十六国共六十七帝。唐代共二十二帝。五代共十三帝。两宋共十八帝。辽九帝。金八帝。元代共十八帝。明代二十一帝。清十二帝。民国一帝(袁世凯)。其中还不包括宋刘豫,明朱宸濠,清吴三桂等。元朝还有几个和尚造反称帝的。至于农民起义也有一百多人称帝称王的,都不算。笼统地讲,可说中国有帝王数千名。

中国所以多帝王,不外如下原因:

(一)从奴隶社会开始到封建社会结束,历史最长,约三千多年。欧洲的封建社会,生得晚,死得早;中国是生得早,死得晚。

(二)土地广,最初在黄河流域,后扩大到长江流域,而珠江流域,再扩大到西北,而东北、西南……地面广,所以在奴隶社会各地分布了许多奴隶主邦国,封建时代也易于割据称王。

(三)战乱频仍。乱时多而治时少,改朝换代如走马灯。这是由于封建制度所决定的。每次变乱,统一被破坏,形成地方割据,出了许多新王。有时因为外族侵入,如五胡十六国,也产生了许多新帝王。

中国封建社会最长,如果从周朝开始封邦建国,诸侯列国都奉周正朔,从周王命,那么封建社会比奴隶社会的历史长,其原因也有:

(一)由于地域适于农业,形成以农立国。农民安土重迁,政府则重农抑商,搞分散的小农生产经济,这是封建社会的基础。这是由于夏代治平洪水,商建都在河南黄土平原才奠定了农业经济。

(二)由于东南方有大海,西北、东北、西南有高山,可据以筑长城为屏障,易于造成闭关禁海,自守自大、自给自足的局面,安于传统的旧制度。

(三)由于封建统治者积累了丰富的统治经验,如:逆取顺守,施仁义,招贤才,奖循吏、清官,设御史台,招安等骗术,又有起居注、万言书,出了大乱子还可下罪己诏,向老百姓道歉;实在不行,还可让位传太子等等,都是一种统治花招、权术,使人民造成错觉:只杀贪官不恨皇帝。尤其是帝王利用儒家思想来统治人民的头脑,效果很好。儒家思想是中国土生土长的哲学。它产生于奴隶社会,苗长成熟于封

112

建社会。它倡尊君忠
君，在家则孝顺父母，
作事君的准备。他不
讲鬼神，讲人事，但说
帝王君主是天之子，受
天命，实是君权与神权
结合，君王神化，实是
君权至上。这与欧洲
君权与神权分开不同。
欧洲虽然也曾政教合
一，但神权教皇至上。
中国无宗教，道教是东
汉才生产，印度佛教也
是东汉才传入，所以都
不能与君权对抗。清
末有人企图把儒家思

权力来自上帝

欧洲基督教的宣传画，表明神权高于俗世
政权。

想宗教化，倡儒教，但因儒家思想与宗教思想很抵
触，终于失败了。所以，中国是无宗教的国家。道家
到唐朝元朝虽盛极一时，但终于如昙花一现。这都
是由于儒家思想在起抵制作用。如《论语》说："未能
事人，焉能事鬼？""未知生，焉知死？"尤其到二十世
纪，人类社会从神权，君权，民权，而进入科学时代，
宗教遇上了科学的马克思主义，而中国又接受了马
克思列宁主义，宗教更无市场（但可作为研究对象）。儒
家思想也须改造，这要待讨论。它在长期封建社会

确起了很大作用,既有安定作用,也有反面的阻碍作用,正须一分为二给以辩证的分析。

中国皇帝最多,是客观的历史事实,必须承认,这是没有问题的。问题是我们该抱什么态度。有两种不同的态度:

一种是骄傲自满,以为多比少好。但他不问问多的是什么? 并不是科学家多、医生多、粮食多、工业产品多、房屋多、汽车飞机多,而是死了的、压迫人的皇帝老爷多。如果是年轻人且没读过历史,当然不知道自己的祖先吃过皇帝多少苦头了。

一种是苦恼,认为羞辱倒霉,甚而破口大骂,但也大可不必。因为这是历史事实,都已过去了,大骂也无用。我们能自强,认清帝王的罪恶,彻底清除自己头脑中的封建毒素、帝王思想。今日之事,只有下决心彻底批判和清除每人头脑中的封建帝王思想,才是要紧。要把帝王思想搞成"老鼠过街,人人喊打"。

还有一些杂念也不正确,如有人说:美国人太幸福了,他们根本没有皇帝,人民的封建帝王思想也很少,所以他们建国二百年就没有内乱、争王争霸、地方割据、宫廷政变。大总统、国务卿、部长等并没有什么特权,不搞终身制,一朝解职,就搞专业,与平民百姓一样,犯了法,照样对簿公庭。总统不能说了算,大事须经国会批准。人民反对,提出弹劾,就得辞职。上台也由人民选举,四年一任。谁都可以参加竞选,选不上,虽然花了不少钱,也彬彬有礼,下台鞠躬,决不搞阴谋诡计,动刀杀人。全国人民共订宪法,共同遵守,总统也不例外,且是守法模范,也决不许坏人破坏宪法。两党轮流当政,一切取决于人民,这叫民主。……但我们切不可忘记,美国是世界上迫害黑人最厉害、历时最久的国家,到公元一八六五年林肯总统才废除黑奴制,直到今天黑人还受歧视,这都是人类的耻辱,哪有什么光荣可言。

不单美国,还有法国、德国(西德)、英国、日本等资本主义的样板,比较奴隶社会、封建社会是进步的。但社会发展史告诉我们,它并非人类美好的社会制度,它后面还有社会主义和共产主义。资本主义最大的缺点是保存私有制,少数剥削压迫阶级,即资产阶级剥削压迫多数的劳动人民,即无产阶级。无产阶级是贫穷人,而资产阶级是富人。这是人类的不平、罪恶,也是动乱的根源。不平则鸣,穷人会罢工、造反。而富人资产阶级专政,变成帝国主义,对外侵略,引起世界大战。理想的社会主义制度应当是公有制。资产阶级没有了,只有无产阶级,都是劳动人民:农民、工人和知识分子。先是农民变成农业工人,后来工人都变成知识分子,全国都成为有知识的劳动人民。其中有搞行政的知识分子,都是有各种专业的,全国各省各县各机关的领导都由民选,三年任满,即转为专业。专业分农、工、商、文教、医务、艺术,决无以行政为专业者。行政是职(临时性

中国皇帝评论

115

的），不是业（是终身性的，但也可改行，须经过训练考试得取得专业证）。工资基本相同，但因工种，劳逸及年限多少，熟练程度不同给以补助，但不得超过基本工资太多。除公事用汽车代步，招待外宾宴会只付基本餐费，此外即无其他特权。特权本是历史造成的，奴隶社会，奴隶主及贵族特权高而多，与奴隶差别如天壤。奴隶主对奴隶有生杀权，有殉葬权，有多妻权，有初夜权……那时视奴隶如牛马。到封建社会，皇帝及贵族特权比奴隶社会有所减少，奴隶升为农奴，农民成为贱人，皇帝殉葬改用木俑，娶妻也有定制，《周礼》所谓三夫人、九嫔，二十七世妇、八十一御妻。一般官吏也有一妻数妾。皇帝也不能随便杀人，往往有大臣谏阻。到资本主义社会，从大总统起，大财主、平民只许一夫一妻，但默许搞许多情妇、姘头，分开嫖妓，领高俸，比最低工资高数百倍，还有不少津贴外快，都是变相贪污贿赂，且受之不以为

内人双陆图

双陆是古代一种掷骰行棋的游艺。图中反映了唐代宫廷妇女对坐行棋的场景。她们往往借此类棋戏来打发时光。

耻。下到自己的车夫、门房、卫兵及侍役,过年过节,公开向人索赏钱。政治既是官僚政治,社会也造成一种贪污风气,金钱世界。竞选总统州长除到处演说外,还要请客送礼,还规定须有多少资本才可当议员。所以穷人根本不能竞选。每个议员法律明定可以收受礼物,但不得超过多少美元。表面人民一律平等,但资本家视工人为穷鬼,流浪汉。到社会主义,才彻底废除私有制,不许不劳而食,劳动人民当家作主。男女平等,学习、工作,机会均等。废除娼妓,不娶妾,也不许乱搞男女关系。不管职位多高,都以普通劳动者身份出现。相见都以同志相称,禁止叫官职名。工资也基本相近。旧社会的种种特权都取消了。当然不可能一下子都彻底消灭了。因为旧社会的习惯势力很顽固,旧思想往往深入人心,需要一个长过程的思想改造、批判、教育。一遇机会,资产阶级思想甚至封建思想(尤其在我国,往往是封建思想比资产阶级思想更有势力)就会泛起。必须不断加强批判。更要建立各种政法制度,实行法治。我们有信心在中国共产党领导下,逐步把我们的社会改进成为社会主义的理想社会。

又有人说,日本、英国今天还有皇帝,都是君主立宪国,尤其是日本,从明治天皇变法图强以来,不过四五十年便成强国。我国清代光绪帝也拟效法日本,可惜为旧派慈禧所阻而失败。如果当初搞成功了,今日中国也成为头等强国了。

117

这是错误的空想。光绪时如果没有旧派反对，凭康有为、梁启超等人辅助，要想搞君主立宪，发展资本主义，也是搞不起来的。因为世界资本主义已经发展成为帝国主义。资本主义列强要把中国沦为殖民地。他们是不容许中国发展资本主义的。(后来杨度帮袁世凯做皇帝，也想搞君主立宪，仍然搞不成。杨度后来觉悟了，进步了，参加了中国共产党。)后来到了民国，但社会性质仍是半殖民、半封建。社会经济为官僚资本主义所控制。中国共产党领导革命，推倒三座大山，建立了社会主义。由于我国社会主义是在半殖民地半封建的废墟上建立起来的，因此，工农业生产的物质基础很差，而封建思想的影响太深，国外的资本主义敌对势力不断以资产阶级思想侵蚀我们，使我国的社会主义革命和建设受到挫折、阻碍。但不可怕，因为历史的车轮总是往前进，吃一堑长一智，革命的人民会更加聪明，经验更加丰富。我们十亿人民必会团结一致，乘长风破万里浪，度过许多惊险，终而获登彼岸。我们要走我们中国自己的新路。外国有什么长处，我们都要学习，以补我之所短，但我们决不走也不可能走历史上的落后旧路，走回头路是没有出路的。

　　对中国历代帝王我们已在上面揭发批判了，但也有人得到这样一种结论说：天下乌鸦一般黑，历代皇帝一般恶，应把他们从历史上一笔勾销，把历代帝王世系都改成公历纪年。……这又是极左的思想。

须知公历纪元是基督教耶稣降生的年号，而且不结合中国实际，反而感到不便于学中国古代史；何况对古代皇帝也该有历史唯物主义的观点，中国古代这许多皇帝是客观存在，他们深入人心，影响太坏，今天要大力批判，正要保存他们的罪恶史，作为反面教材，用来教育人民。说历代皇帝一般恶，这当然是对的，因为皇帝

宋公明全伙受招安

作为反动阶段的代表人，我们就万不能说皇帝有好坏之分，不能说有些就是好皇帝。反贪官不反皇帝，这是《水浒传》里梁山泊好汉的思想。说有好皇帝，等于说有好地主。我们过去只说有做过一些好事的开明地主，不说好地主。说好地主等于地主是好的，既然如此，还何必消灭地主阶级呢？可知地主作为阶级就须消灭。对皇帝也是这样。皇帝是反动地主阶级的总代表，不可说有好皇帝，只能说有些皇帝做过一些好事（坏人作好事），值得后人纪念，不能在历史上抹掉他们。外国也有一些，如俄国的彼得大帝，法国的拿破仑，好像是他们祖国的光荣，往往加以宣扬

119

吹捧。但我以为如实写出他们在历史上的政治作用，并毫不掩盖地记叙他们的劣行缺点，这是可以的。但决不容许夸大或吹捧他们是神或超人或大圣人、大英雄，不能把他们作为学习的对象。我们是承认时势造英雄。以拿破仑为例，他也是普通的人，只是因他风云际会，踞在高的地位上，有权有势，戴了金色皇冠，披了红袍，挺了胸，昂起头，两眼朝天，提高嗓门，气势汹汹，就显出他是英雄的模样，又好似神。当他失败被囚在西利纳岛时，不知道的人还当他是一个孤苦可怜的矮小老头儿呢！可知一切威风都是外面伪装上去的，他并没有什么超人的本领。他所有各方面的本领，如比武、比数学、比文学、比法学（他的法典都是法学专家写的，他只是发过几次言，说说自己的意见，就居为己功），以及军事常识等，不一定都能考第一名。英雄是时势造就的，我们切不要搞个人迷信。因此，我们对中国历史上的帝王要用历史唯物主义的观点有所分析。我从禹王起，选出七位，加以分析。他们做过一些好事，值得纪念。

（一）夏禹（领导治洪水有功）

夏禹受了舜的禅让，因治水立了大功。洪水退了，土地肥沃，利于农业生产，有了剩余，就产生私有制，逐渐进入奴隶社会。他是否称王不知道，禹王是后人称他的。历史上说他生活很艰苦，《韩非子》说："禹之王天下也，身执耒锸以为先，股无完胈，胫不生毛。"这是可信的。那时的物质条件很差，又当初他

120

是一个大部落的族长，所以有号召力，还能联系许多其他的部族、部落一起治水。他住在夏（今河南阳翟）。那时也只能治一部分水患，未必有《禹贡》所记的全国性的规模。《禹贡》显然是春秋时史官所追记。《史记·夏本纪》所记禹的先世和夏朝世系，基本可信。因为太史公有传下的史料作根据。《殷本纪》所记帝王世系与甲骨文所记合，可知夏本纪也有所本。夏禹的时代约距今四千多年。

大禹像

（二）周武王（建立中国史上第一次的封建大王国）

周武王姓姬名发。他住在西方，今陕西丰镐一带。依靠太公、文王的基业，由于农业搞得好，有了扩张的资本，因此向南把商纣消灭了，承袭了商的政治经济、文化，建立了中国第一次的封建大王国。商代的版图很小，只是一个大奴隶国，由于闹水迁都数次，从亳迁嚣、迁相、迁耿、迁殷，没有出今河南省黄河两侧，也没有与其他部族的奴隶主国有过来往。只武丁时伐过鬼方。到周武王伐纣时，约会（即联合）

121

八百诸侯在盟津开会。武王灭纣后,"封七十一国,姬姓独居五十三人焉。"可见他直接控制了七十一国(奴隶主国)。可能一部分奴隶主被俘杀了,就派同姓兄弟去当奴隶主国君。也有异姓,如姜尚,是羌族,是讨商联军的功臣,被封到齐国。根据原来国土大小分为公、侯、伯、子、男五等爵位。这些诸侯都奉周王正朔,朝觐周王,听其命令。这是初期的政治上的中央集权的大王国。但王室对诸侯的控制力量很差,还有一千七百多个较远或较小的奴隶主国,根本没有力量统治。《逸周书·世俘解》:"周灭九十九国,降服六百五十二国。"所谓降服,至多是奉正朔,承认王室,其他原封未动。各诸侯依旧互相兼并。

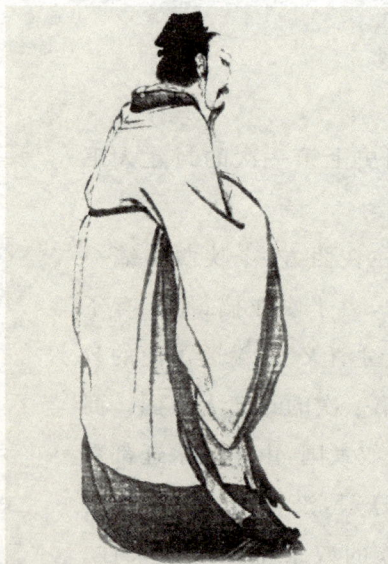

周武王像

到春秋只剩一百四十多国,到战国只剩七国。经过这次政治上表面的虚弱的统一,在文化上却大大的推进了一步,制礼作乐,"郁郁乎文哉,吾从周"。(《论语》)"夏尚忠,商尚鬼,周尚文。"(《史记》)到春秋战国,在政治、经济、军事、哲学、文化各方面如春花怒放,形成了中国上古时期文化上的黄金时代,而且他讨伐了无道暴君,史称

天亡铜簋（guǐ）及其铭文

铭文记述周武王灭商后，曾祭告周文王，并代替商王祭祀天帝的情况。

"汤武革命"，为后世立了好的榜样。

（三）秦始皇（建立了中国第一次君主专制中央集权的封建大帝国）

秦始皇生在邯郸，名政，姓赵氏，实际是河南阳翟大商人吕不韦所生，又叫吕政。他被假父秦公子子楚带回秦国，最后居然做了秦王。他的出身是太子王爷，娇生惯养。儿童时生长在邯郸的大商人家，常与街坊顽劣儿童在一起嬉游，不爱读书，所以没有传下他的诗文。他的亚父（即阿爸，今说干爹）吕不韦组织门下客著《吕氏春秋》，他也没过问。他"至以衡石量书，日夜有呈，不中呈不得休息"。实际上，他只是偶尔看几天公文书就腻了。年十三岁即位，一切政事全交他生父吕不韦管。吕不韦被他逼死后，又全交李斯管。他五次出巡，还要微行，本纪上没记他从博士读书（他手下有七十位博士）。他统一天下全靠几个得力大将蒙骜、桓齮、王贲、王翦、蒙恬等，他并没有参加作战指挥。他对母亲毫无办法。他母亲起初是常留吕不韦在宫里奸宿。他母亲本是吕不韦的小妾。后来始皇长大了，吕不韦怕泄露，就访求到一个市井无赖人嫪毐，是大阴人，献给她，还生了两个儿子，嫪毐也做了始皇的亚父，封长信侯，事无大小皆决于嫪毐，居然像是吕不韦的接班人。那时，秦始皇已有二十岁。到二十二岁时，嫪毐要造反窃国，秦始皇才把他杀了，灭了族，又杀了两个弟弟，还逼死了吕不韦。又把太后撵出宫，禁闭在雍地的咸阳宫中。这是家庭丑闻，无关大体。但太史公司马迁却保留不删，可见司马迁对秦始皇并不满意。秦始皇本人是一个中材，并无奇才异行，只是因祖宗基业，大臣帮助，遭逢当时形势，幸得一统大功。他的大功，如创造性地搞郡县制（汉高祖刘邦一面搞秦的新法郡县制，一面仍承袭周的分封同姓子弟为诸侯国制。果然七国反，原因是分封。但历代帝王都是家天下思想，坚持不改，直到清朝，才实行全面郡县制）；书同文（文字统一用继承周大篆的秦小篆，不

秦始皇像

准再写六国地方字体。书同文又必然是"文同言",用周秦方言词汇,才可使全国上下公文书的语言文字真正统一。如果只用小篆而写各地方言词汇,公文书还不能统一,中央政令就不能顺利贯彻);还有车同轨(车辆大小一致,轨是两轮间尺寸)和统一度量衡。还有造直道、驰道,等于今日公路。还有大修长城,在各国旧造的长城上,再加长衔接。这些功绩,都是臣下吕不韦、李斯、王绾、冯劫等人搞的,但在历史书上不得不挂在他的名下,这也可以。我们在肯定时势造英雄的大前提下,也承认有些英雄也对时势起一定作用,但要具体分析。有些英雄确很英明;有些仅是中材算不得真英雄,但他较谦虚,能完全信任手下的贤臣、良将,不瞎出主意横加干涉,这也可取得胜利,这就可把英雄桂冠

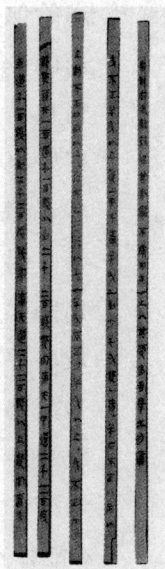

秦律竹简

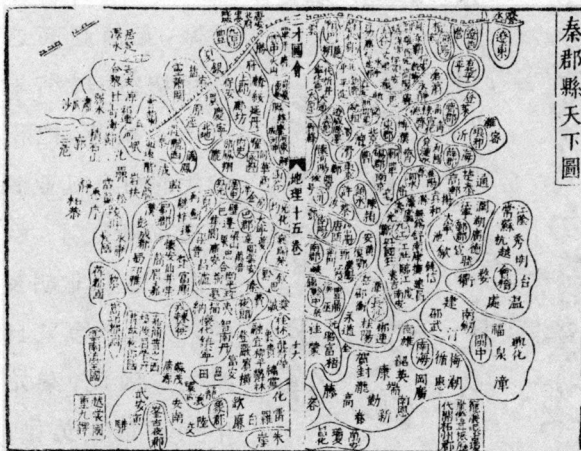

秦郡县天下图

送给他。最坏的是貌似英雄，其实很狂悖无知，还要逞能，不听善言妙计，结果，没有不失败的。或者是当初是英雄，但是老来滋长骄气，或头脑昏聩，往往把好事变成坏事，身败名裂。历史上这样的例子很多，如楚项羽，唐李密、李隆基，明李自成，清洪秀全等。因此，秦始皇虽是中材，但他能信任臣下，没有捣乱起坏作用，也就算不坏了。身居帝王地位，往往成事并非他个人之功，而是群下大众之力。但如果他真捣乱，就会影响很大，引起全盘皆输。俗话说："成事不足，败事有余"，正是说这种人。古代有些开明帝王，说功劳当归于大家，错了却是我一人之责。《尚书·汤诰》："其尔万方有罪，在予一人；予一人有罪，无以尔万方，"有错决不推诿。秦始皇统一天下后，就十分骄傲，宠信赵高这个马屁精宦官，结果杀了公子扶苏，把积了六代的祖宗基业到他手里都断送了，就亡了国。这并非胡亥亡的，实是秦始皇自己搞的。因此，秦始皇毕竟不是真英雄，而是很蠢的。他的统一

李隆基手迹

126

事业,幸赖汉高祖刘邦给补救了。刘邦在各方面都比吕政高明。吕政好谀而恶闻过。王夫之《读通鉴论·秦始皇》判他"好谀"两个字,真是恰中要害。《史记》引舜语:"汝毋面谀,退而谤。"秦始皇用方士卢生、侯生,正是面谀,退而谤。上了许多次当,还信他们会找到仙芝奇药。结果他们逃走了,却害了一般儒生,被坑杀了四百六十多名。还有他残暴好杀,打仗时发明首功(按杀了人头多少来报功。因此,军队所过之处,不论男女老少,都给杀了头拿回报功),又发明灭三族、五族到七族。但这两个发明不能挂在他头上,可能六国也是这样。他被骂了二千年,说是暴王的典型,但这些大功又挂在他名下。因此他功过相抵,他还是一个历史上著名的皇帝。但又不可把他吹捧为最伟大的帝王。因为他毕竟是一个封建帝王,只能给他一个历史上应有的地位:一笔勾销不行,吹捧歌颂更不允许。我们今天站在人民的立场还吹捧一个干了许多坏事杀了许多无辜人民的反动封建统治阶级的头号代表人物秦始皇,人民是决不允许的。我们既要歌颂最早的农民起义领袖陈涉、吴广,同时又要吹捧他们所反对的暴君秦始皇,这就未免太自相矛盾不合逻辑了。

(四)汉高祖刘邦(秦大统一的恢复者、与项羽大决战的胜利者)

历史上称华夏,是指的夏禹。称汉族,是指汉朝(外国人称 China"支那",即指秦,译音为 chin,加 a 为秦人。又称"唐人",是指唐朝)。历史上称周、秦、汉为上古后三代(前三代是夏、商、周)。在文化上都有继承性。尤其是周、秦、汉,都在陕西。

秦始皇死后不到半年,大帝国就瓦解,群雄逐鹿,最后是刘、项两方决战,苦战了五年才分胜负。这一局棋在历史上是少见的,所以下象棋也分楚、汉双方。项羽是下相(今江苏宿迁县西)人。刘邦是沛丰(今江苏沛县、丰县)人。刘邦是小地主家庭出身,做过亭长,等于保甲长,曾在芒砀山落草做强盗。项羽是楚国大将项燕的子孙。他与季父项梁避仇于吴中(今苏州)。"秦始皇帝游会稽,渡浙江。梁与籍俱观,籍曰:'彼可取而代也!'"盖世之志,可谓大矣。等到秦始皇父子用残酷暴政把全国人民挤到爆炸点,一经陈涉带领五百戍卒揭竿起义,全国立刻土崩瓦解,成为历史上速亡的典型。刘、项就乘机崛起。

刘、项决战,在兵力上、在威名上,刘邦都不是项羽的对手,但刘邦终而战胜了项羽。主要是刘邦能得民心,项羽失了民心。在战略、战术上,项羽也犯了许多错误。

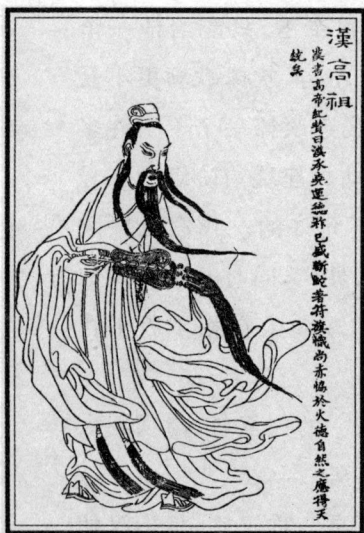

汉高祖像

128

刘邦入关图

汉军入关后，与民约法三章，争取到了民心。

《史记》是扬项抑刘的。给项羽作传也称本纪，又放在汉《高祖本纪》前面。司马迁对刘邦有偏见，故意丑化他。说他"好酒及色。从王媪、武负贳酒"，"多大言，少成事。"又说他母亲"刘媪尝息大泽之陂，梦与神遇。是时，雷电晦冥，太公往视，则见蛟龙于其上。已而有身，遂产高祖"。这好似野合而生刘邦（他写孔子也是野合而生）。一般人对项羽巨鹿一战，领八千江东子弟，击溃秦将王离、章邯的主力，十分钦佩；而认为刘邦不来参加决战，却偷偷地攻入关中，摘了胜利的桃子，未免投机取巧。但项羽入关逼他退出关，刘邦为顾全大局，加强团结，就甘心让出，这就有理有利。而且项羽还大干暴行，坑秦兵二十万，杀已

投降了的王子婴，烧秦宫室，火三月不息。因此结怨于秦民。他站不住脚，只好自动退入关中。还留恋故乡，想建都彭城（今徐州）搞南北朝。既失人和，又失地利与天时，着着错误，造成败局，最后演出"霸王别姬"还说"天亡我，非用兵之罪也"。其实是自己亡自己，自取其咎。高祖刘邦有许多优点、特点是秦始皇、项羽比不了的。他是反秦的英雄。出身卑微，手提三尺剑，亲冒矢石，信任谋臣良将，不轻易杀人。分清攻守两种不同的统治方法（马上得之，马下治之）。生活较俭朴。他能忍败，百败而不气馁；项羽就不经败，一败就一蹶不振。一般说，杀功臣是刘邦开始的。其实，韩信并非他杀的，而是吕后杀的，他还很爱惜韩信。后赵王石勒（羯族人）最钦佩刘邦，说："朕若遇高祖，当北面事之，与韩彭比肩。若遇光武，当并驱中原，未知鹿死谁手？大丈夫行事，宜磊磊落落，如日月皎然，终不效曹孟德、司马仲达欺人孤儿寡妇，狐媚以取天下也。"这话说得很中肯。汉高祖刘邦一切行事（战斗时自说斗智不斗力）可看出他心地较坦

"亿年无疆"瓦当

130

率善良。但这样一个大英雄最后受制于妇人吕后，竟想不出一个保护爱姬戚夫人和爱子赵王如意的办法，只能忧愁下泪。他没有把吕后、太子废了，还念糟糠之妻的一段恩情。这不能不说是他的悲剧。吕后确是坏女人，她妍上了审食其左丞相，还想篡改刘氏

司马懿像

天下为吕氏天下，几乎把初定的政局又弄乱了。而且杀了赵王如意，并将戚夫人搞成人彘，心毒手辣，完全没有一点人性、人道。后来的武则天就是学她的。赵王石勒骂曹操、司马懿是骂得对。曹操、司马懿都是阴险人物，表面都装得很和善、很谦虚忍让，但心毒如蛇，善搞阴谋诡计，欺负孤儿寡妇，真是不值一文钱。曹操说："宁我负人，毋人负我。"这句话是千古极端个人主义者的格言，与今革命家的话："我愿为全人类、全民族大多数人谋利益而牺牲我自己"，正相反。这类阴险人物，往往得意一时，但总不如阳面直性人物，受人敬爱；虽然他们往往被杀了，或被打击至死，也不值得同情。曹操毕竟是乱世奸雄，他看到时机不成熟，怕遭骂，所以暂不篡位，留待

他儿子曹丕来扮演这一角色。司马懿也是这样。总之这些人都不足为法，纵有一二长处，也不能作正面人物。

（五）唐太宗（在中古时统一了全国，推动历史大进一步）

唐太宗李世民继承了隋朝统一事业，又重新再建，他很像汉高祖刘邦，继承了秦又重加再建。隋文帝杨坚好比秦始皇吕政，炀帝杨广的荒淫无道好比胡亥。秦、汉的统一在中国的上古史上创造了极光辉灿烂的文化，而隋、唐的统一是在中国中古史上也创造了极光辉灿烂的文化。汉、唐两代又是中国古代史上的黄金时代（商、周是上古前期的文化黄金时代）。

唐太宗还不是开国第一代，第一代是他父亲李渊。他是山西留守，是个糊涂家伙。唐朝天下全是他儿子李世民打出来的。隋炀帝乱政，全国骚然，各地纷纷起义。李渊的第二子李世民也劝父亲起兵，不起兵也必为人家所攻占了。那时李世民只十八岁。李渊犹豫无奈，最后说："今日破家亡躯亦由汝，化家为国亦由汝矣。"这

唐太宗像

年是公元 617 年。转战六年，统一了全国。李世民善于打仗，爱用奇兵，出人不意。他把各路起义英雄一个个击败，真算得一个英雄。二十八岁即位居然又是一位政治能手，做出成绩，搞成贞观之治，全国人民丰衣足食。因此自然没有盗贼，牢狱中长满了草，没有犯人，历史上说是四十年人不知兵。那时画家所画仕女和马都是吃得胖胖的。

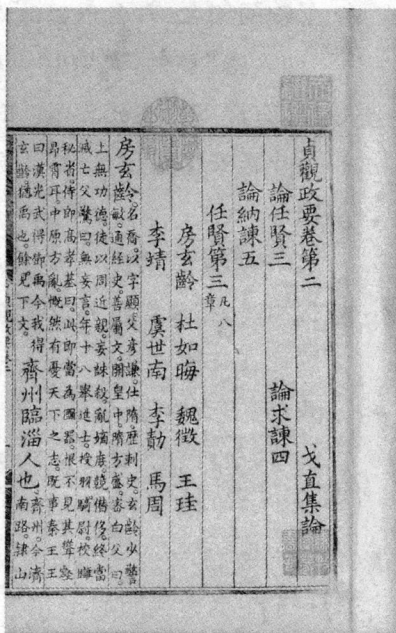

记载唐太宗功业的《贞观政要》

比汉初的文景之世还要好。他的特点是广收人才并信任他们，从谏如流，所以少犯错误，做出了成绩。

　　他执政期间，把中国上升到世界上在东方的最富强之国。各国闻风而来朝，常在长安都城宴会，陈列百戏，请各国使臣、外宾欢饮十天。他曾自吹有套特别对外政策，说："自古皆贵中华、贱夷狄，朕独爱之如一，故其种落皆依朕如父母。"贞观四年，各国来朝贡者很多。今陕西西安乾陵（在乾县的王陵，是李世民儿子李治［高宗］和其妻武则天的合葬墓）墓前，还排列数十个各国使臣石像，可惜因年久遭乱，石像头都被砸掉，背

133

上刻的国名、人名也都故意磨光认不出了。据说是"四人帮"搞的,可叹!可叹!中国多地震,也多人祸,有许多古迹被破坏。旧长安城早被毁灭,还保存一幅长安都城建筑图,十分宏伟。听说乾陵未被盗掘(唐太宗昭陵已被盗过),今正在研究如何开发。据说葬乾陵时,正当盛唐,所以墓中所藏文物珍宝极多。发掘出来,将震惊世界。王羲之兰亭真迹,可能不在昭陵而在乾陵。郭老(沫若先生)生前浏览乾陵时说:"使我能在死前得见乾陵开发,我死也瞑目了。"

　　李世民的私人生活也并无过分荒淫丑恶的行为。只是他为了抢位夺权,不惜把兄弟建成太子和元吉杀了,造成"玄武门之变",未免太狠了。他还把封了王的建成的五个儿子,元吉的五个儿子平时称他叔父、伯父的,都杀了,把美女、珍宝都据为己有。他怕老父皇翻脸,就奔告父皇,假装悲恸,跪在地上,抱住父亲大喊已死了的母亲窦氏,无非是想打动父亲追住念亡妻之情而原谅他。那时天热,李渊裸了上身坐着,李世民就捧着父亲胖乳吮吸,一面哭喊妈妈,十分滑稽。李渊这老家伙心乱如麻,想不到自己家庭出此流血惨案,只怪自己糊涂,没有及早解决这个矛盾。他又心痛大儿子建成太子和小儿子元吉,又惊又气,连声叹气,眼珠乱转,想按法处分李世民,但想到他功劳大,现在还有余敌未靖,还要利用他。他又想到这小子厉害,他狠心杀兄弟,也会狠心杀我。他党羽很强盛,不可轻率从事。他叹了半天气,

134

最后他也无可奈何，说："天下本是你打出来的。我本叫你做太子，你谦让不受，现在你就当太子吧。"其实，李世民进宫时可能已布置好了，如果老头子翻脸，就冲进去动手。李世民听父亲松了口，就收泪拜谢。但过不了几天，李渊就下

唐高祖像

令让位，叫李世民做皇帝。因为建成太子势力也不小，那一派人会在李渊面前进谗，李世民也日夜不安，担心李渊翻脸。如果李渊不让位，李世民难免要动手，把老头子杀了，自己做皇帝。所以，李世民这一手，也够厉害。他父亲也只得顺水推舟，保全自己。

（六）明太祖朱元璋（民族英雄，且成功了）

朱元璋是安徽省凤阳县人，凤阳本是个苦地方。他十七岁时，闹旱灾、蝗灾，又加瘟疫，这个贫农家庭有三口（父母和大哥）都饿死、病死了，最后他走投无路，不得已到皇觉寺当和尚，做烧饭工作。后到合肥、六安等地流浪了三年，又回到皇觉寺。过了几年，寺庙

为乱兵烧了,全寺和尚都逃散了,他也逃出家乡。那时元朝政治腐败,民不聊生,各地起义。政府为收复濠州城,到处抓壮丁,他怕被抓,就投奔叛军郭子兴部下。起初做九夫长,后屡次立功,极受郭子兴信任,把养女马氏嫁给他。他虽没有文化,但脑子好,聪明机警,能出妙计。后来通过自学,也能读书评文。郭子兴战死,他就代领兵马。在决战中把强敌张士诚、陈友谅、方谷珍等消灭了。然后派徐达、常遇春二大将北伐,把蒙古王朝推翻了。历时十七年,重新统一了全国。

徐达像

他取得胜利,也靠得民心这条秘决。每攻一城不许士兵乱杀人。他说,枉杀一个男子,如杀我父;枉杀一个女人,如杀我母。有人说这是他的佛教戒杀生思想。其实,这只是他的一种收买人心的骗术。到他老年,因长子朱标病死了,皇孙又小,怕功臣难制,于是大开杀戒,大杀功臣。历代皇帝杀功臣,杀得最欢的就是他,共杀了数万人,都是全家杀光。他的小孙儿朱允炆也心有不忍。朱元璋

马皇后与太子朱标

按:文中所述教诫事当似为太子朱标事,见吴晗《朱元璋传》。

为了教育他,曾拿出一根木棍,漆得很光滑,教他舞弄。接着,又抛出一根木棍,没有上漆,上面多刺,小孙儿一拿就给刺扎了,连忙抛了。朱元璋就借此教育说:"使用臣下也如此。有刺不光的必须削光,才可得心应手地舞弄这棍子来打人(镇压人民)。"可见这位和尚皇帝很狡猾。但他决想不到自己死后不到三年,自己第四个儿子朱棣这个独眼龙,起来造反,领兵打进南京皇宫。宫中火起,皇帝朱允炆(惠帝)化装为和尚逃走了。不知所终。朱棣做了皇帝(成祖),在全国搜查不到惠帝,怀疑他逃到国外南洋,就派心腹太监郑和、王景和出使南洋各国,表面是外交访问,实际是查寻惠帝下落。究竟惠帝是火烧死了还是借火掩护逃走了,下落如何,这是历史上的疑案。

朱元璋是民族英雄,他起兵反元是进步的。统一后他整饬吏治,用重典严厉,一时政治清明,贪污绝迹,不过他的做法太残忍。他规定官吏贪污六十两银子以上者枭首剥皮,以草实其中,陈列在他官厅坐位旁;妻子为奴,财产入官。其实,封建时代无官不贪,小官贪者都有大官做后台,大官有皇帝或皇后以及皇亲作掩护。朱元璋的惩治贪污,也不过为了巩固自己的统治而做做样子罢了。朱元璋还亲自出宫微服暗访,地方官都提心吊胆,不敢为非失职。他怕人家认出,故意画个伪像,所说的"五岳朝天":高

朱元璋像

额、高颧骨、高鼻,再加突出的下额,很可怕,教人民传摹,解放前还保存在明孝陵。这样以假乱真,他就可自由微服出访,无人怀疑了。其实他长的四方脸,浓眉大眼,十分魁伟。故宫还保存一张朱元璋老年画像,胡须都白了,但精神还很壮。说是从明宫档案

中发现的。可见他年轻时魁伟多力，所以能身先士卒，冲锋陷阵。

（七）清康熙玄烨（最好学，有知识的皇帝）

康熙皇帝是满族人，他是顺治皇帝的第三个儿子。即位时只八岁。他不是开国皇帝。他在位六十一年，是历代皇帝当权最长的。他搞了几次文字狱，枉杀了不少汉族人。这是民族矛盾引起的，但很无聊。因为那时满清统治已很稳固，完全没有必要这样搞。所以文字狱只引起汉族人的忿恨，破坏民族团结，是极错误的。但满清统治彻底扫荡了明朝末年的官僚政治的贪污腐化，政治得到刷新，人民的精神面貌也改了。新的政治不必很理想，但比旧的要好。好似药物可能是砒霜，但它能杀菌，治好病救了命，就是好药。幸而汉族人多文化高，生命力强，一时服了药吃了些苦头，但不久砒霜也变成营养，使他身体更加健壮。中国历史上这样的例子有过不少。外国也有这样的例子。我并不主张"亡国无害处"，

康熙戎装像

139

世界上也有永远没有亡过国的国家,也有一亡再亡的。这是客观现象。若怕亡国,就要自强。如果自己不自强,就得亡国,由别人来搞。古人说:"国必自伐而后人伐之。""无敌国外患者国恒亡。"这是规律。中国在康熙、雍正、乾隆三朝一百年中休养生息,安定平静,在历史上还是少有的,这对人民大有好处。尤其是康熙朝,做了不少好事。如处理准噶尔和青海、西藏等,还与俄国订立尼布楚条约,画定中俄国界等。在文化方面编了不少大书,如《四库全书》、《古今图书集成》……远远超过宋、元二代。最难得者,他最好学,是中国最有学问的皇帝,他上自天文下至地理,以及历算、音乐、法律、哲学、医药……无不通晓,而且通数种外语,如蒙古语、拉丁语、汉语。他的汉语、汉文比他自己的满语、满文好,他写的诗文、书法都很好。

康熙出巡图

康熙死时年仅六十九岁,本来不算短寿,但传说他死得不明。他共生子三十五人,允禔最长,然非嫡出。嫡而长的是允礽。但允礽柔弱,作了太子,引起兄弟争位。气得康熙老头子要拿刀杀允禔。由于激烈暗

斗，结果把太子搞成神经病。诸王朋党盘踞朝廷，根深蒂固，造成两次废太子，害得老头子痛哭扑地。结果，是最狡诈的允禛承继帝位，就是雍正。

《大义觉迷录》书影

这是雍正即位后为自己辩解而撰的一部奇书。

历史上记载："帝疾大渐，命召皇四子允禛。既至，告以病势日臻之故，未几，崩于寝宫。"允禛那时年四十五岁。他即位后，把他的政敌兄弟或杀了，或囚禁了。他最怕十四子允禵，因允禵曾做抚远大将军，带着年羹尧去青海，手中有数十万兵马。传说康熙病重时，大臣隆科多在旁侍疾。康熙决定传位于十四王允禵，就写"皇十四子"在隆科多手心中，叫他传进。隆科多是允禛的母舅，甥舅二人合谋捏死康熙。封建皇帝既是终身制，也引起儿子杀父亲。如果选定了儿子作太子，自己就让位，允礽也不会变精神病。允禛即位后，首先把允禵囚禁，死因不明。捏造九十二条罪状，杀了年羹尧。即位不久，就召集文武大臣到乾清宫宣布：立皇太子名密封在锦匣中，放在殿中很高的"正大光明"匾额后，以免自己死后，也发

141

生争斗，更怕病重时，也被哪个儿子捏死。这都是疑案。

我们如果把中国历代皇帝分分类，可分：

1. 开国皇帝。一般较有作为。

2. 继承的皇帝。因出身皇家，养尊处优，平庸无能，或无知如蠢豕者，如晋惠帝闻人民无饭吃，他说："何不食肉糜？"这是多数。

3. 中兴皇帝。如周宣王、汉武帝、唐肃宗、宋高宗，很少。

4. 亡国皇帝。一般是暴王、昏君、幼稚、愚傻，如蜀后主刘阿斗。

5. 暴君、昏君。也有些开国皇帝，到老来就成暴君或昏君。

6. 篡位的假皇帝。如王莽、曹丕、司马炎等。

7. 统一皇帝。

8. 偏安皇帝。如东晋、南宋。

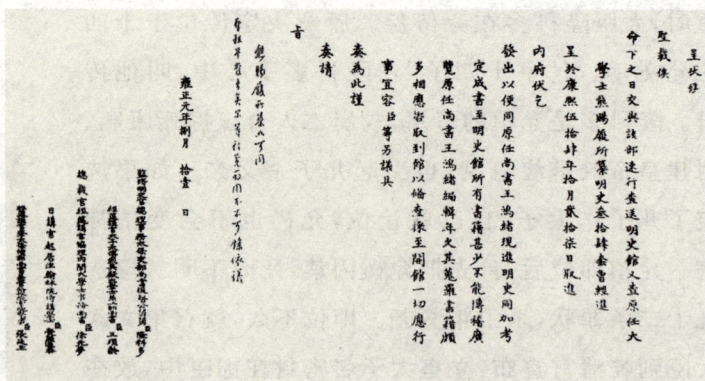

隆科多奏折

142

9. 割据皇帝。如晋十六国、唐末十国,其实三国魏、蜀、吴也是这一类。

10. 奴才皇帝。如后晋石敬瑭。

11. 傀儡皇帝。如宋刘豫。

12. 只靠武力没有文化知识的皇帝。这是绝大多数。

13. 有知识的皇帝。如梁武帝、梁元帝、清康熙,这是极少数。

14. 造反起义皇帝。一般是贫农,如陈胜、朱元璋。但不一定,如黄巢是进士,方腊是漆园主。

虽然情况各不同,多数是压迫人民、剥削人民的反动统治者甚至是罪魁祸首。